제인 구달의
내가 사랑한 침팬지

The Chimpanzees I Love

제인 구달의
내가 사랑한 침팬지

어린이를 위한 제인 구달 자서전

제인 구달 지음 | 햇살과나무꾼 옮김

두레아이들

늘 꿈을 잃지 않도록 격려해 주신 어머니를 추억하며.
그리고 동생 주디를 위해
– J. G.

많은 사람의 수고와 지원이 없었다면 이 책은 나오지 못했을 것입니다. 특히 스콜라스틱 출판사의 로렌 톰슨, 엘리자베스 파리지, 진 페이월, 제인구달연구소의 메리 루이스, 킴 스트라이커, 바이런 프라이스 비주얼 출판의 루스 애슈비, 발레리 코프, 에린 보스워스, 클라리스 레빈, 앨런 셰스터, 제니퍼 와인버거, 데비 실바에게 감사드립니다. 하버드 대학의 리처드 랭엄 박사, 교토 대학의 테츠로 마츠자와 박사, 내셔널 지오그래픽 협회의 미미 도냑, 야생 침팬지 재단의 헤드윅 보에쉬, 케이티 곤더 박사, 앤 퓨지 박사, 엘리자베스 빈슨, 미하엘 노이게바우어, 허버트 호퍼, 크리스틴 모셔, 톰 드레이퍼, 그리고 특히 휴고 반 라윅에게 감사드립니다.

제인 구달 박사가 이 책에서 얻는 수익금은 모두 제인구달연구소의 국제 교육 사업 '뿌리와 새싹'을 지원하는 데 기부됩니다. 제인구달연구소 홈페이지(www.janegoodall.org)를 방문하면 더 많은 정보를 만날 수 있습니다.

사진 설명
1쪽 내 품에 안긴 소피. 소피는 케냐의 스위트워터 보호구역에 살고 있다.
2~3쪽 플로(맨 위)가 나를 믿게 되면서, 플로는 자신의 새끼인 플린트가 내 손을 잡는 것을 허락해 주었다.
5쪽(차례) 케냐의 스위트워터 보호구역에 있는 침팬지들을 방문했을 때, 내 어깨에 손을 얹고 있는 맥스.

THE CHIMPANZEES I LOVE
by Jane Goodall

ⓒ 2001 Byron Preiss Visual Publications, Inc.
Text copyright ⓒ 2001 by Jane Goodall
Photographs copyright ⓒ 2001 in the names of the individual photographers as noted specifically on page 142, which constitutes an extension of this page.
All rights reserved.

Korean translation copyright ⓒ 2003 by Dourei Publication Co.
This edition is published by arrangement with Byron Preiss Visual Publications, Inc., New York through Korea Copyright Center, Seoul.

이 책의 한국어판 저작권은 한국저작권센터(KCC)를 통해 저작권자와 독점 계약한 도서출판 두레가 갖고 있습니다. 저작권법에 의해 한국 내에서 보호를 받는 저작물이므로 무단 전재와 복제를 할 수 없습니다.

제인구달의 내가 사랑한 침팬지

차례

1 침팬지와 만나다 · 07
받아들여지다 · 16 | 놀라운 발견들 · 26

2 침팬지 사회 · 33
침팬지의 의사소통 · 46

3 어머니와 아기 · 57
두 개의 특별한 이야기 · 69

4 숲 속의 하루 · 77

5 침팬지의 지능 · 93
잡혀 있는 침팬지 · 102

6 침팬지 보호하기 · 113
행동하는 과학자 · 119

🌱 침팬지에 관한 사실과 자료 · 131

가이아가 자신이 사는 숲을 보고 있다.

침팬지와 만나다

내가 두 살 때쯤 부모님이 주빌리를 선물해 주었다. 어릴 때 가는 데마다 안고 다녀서 털이 다 닳았지만 주빌리는 지금도 영국 우리 집에 있다.

침팬지는 오늘날 살아 있는 생물들 가운데 인간과 가장 비슷합니다. 1960년에 내가 침팬지 연구를 시작했을 때만 해도 야생 침팬지의 행동은 거의 알려져 있지 않았습니다. 1920년대 초에 헨리 니센이라는 과학자가 서아프리카에서 침팬지를 연구한 적이 있지만, 그다지 성과가 없던 상태였습니다. 나는 나의 연구지인 지금의 탄자니아 곰베 국립공원에 처음 도착했을 때 가슴이 무척 설렜습니다. 열 살 때 타잔 이야기에 푹 빠지면서부터 아프리카에서 동물들과 함께 살며 동물에 대한 책을 쓰는 것이 꿈이었는데, 스물여섯 살에 비로소 그 꿈을 이루게 된 것입니다.

　　　나는 아주 어린 시절부터 동물이라면 무조건 좋아했습니다. 다행히 어머니가 용기를 북돋아 주었습니다. 네 살 때 암탉이 달걀을 어떻게 낳는지 보려고 네 시간이나 닭장에 숨어 있었던 적이 있습니다. 나를 찾아 헤매던 가족들은 경찰까지 불렀지요. 나는 땅거미가 질 무렵에야 지푸라기투성이가 되어 흥분해서 집으로 뛰어 들어갔습니다. 나를 꾸짖는 대신 어머니는 내 옆에 앉아서 암탉이 알을 낳는 재미있는 나의 이야기를 들어 주었습니다! 어머니는 동물에 대한 책을 구해 주었고, 내가 나중에 크면 꼭 아프리카에 갈 것이라고 말할 때도 어머니만은 웃지 않았습니다. 오히려 절대로 포기하지 않고 열심히 노력하면서 기회를 찾다 보면 길이 보일 것이라

고양이 피가로는 어린 시절의 특별한 동물 친구였다.

고 격려해 주었습니다. 그리고 나는 그 길을 찾아냈습니다!

이 책을 보면 알 수 있듯이 침팬지는 우리와 비슷한 점이 많고, 그래서 더욱 매력적인 연구 대상입니다. 침팬지도 우리처럼 저마다 개성이 있고, 생김새도 조금씩 다릅니다. 인간과 뇌, 혈액, DNA도 아주 비슷하지요. 이런 사실들은 우리 인간도 침팬지와 마찬가지로 거대한 동물 왕국의 일부라는 사실을 깨닫게 해 줍니다. 침팬지를 알면 우리 자신을 이해하는 데 도움이 되지요.

스물두 살 때 나는 런던의 기록영화 촬영소에서 일하고 있었는데, 어느 날 옛 학교 친구한테서 케냐에 놀러 오라는 편지를 받았습니다. 드디어 기다리던 기회가 찾아온 것입니다. 나는 웨이트리스로 일해서 모은 돈으로 왕복 배표를 샀습니다. 아프리카에 도착하여 몇 달이 지난 뒤에 나는 유명한 고생물학자인 루이스 리키 박사(1903~72)를 만났습니다. 리키 박사는 나의 열정뿐만 아니라 풍부한 지식에 감동했습니다. 대학도 다니지 않은 내가 동물과 아프리카에 대한 지식을 많이 갖고 있었으니까요.

리키 박사는 여름마다 3개월씩 인류 초기 조상의 화석을 발굴하러 다녔는데, 그 작은 '발굴단'에 나를 넣어 주었습니다.

1958년 케냐에서 루이스 리키와 함께. 리키 박사는 내게 야생 침팬지를 연구할 기회를 주었다.

발굴 장소는 문명사회에서 멀리 떨어진 올두바이 고르제라는 미개지(문화가 발달하지 못한 곳)였는데, 리키 박사는 그 아프리카 미개지에서 내가 어떻게 적응하는지를 줄곧 지켜보았습니다. 내가 그 시험을 통과하자, 비로소 리키 박사는 내게 야생 침팬지를 연구할 기회를 주었습니다.

리키 박사는 1년 동안이나 나한테 연구 자금을 지원해 줄 곳을 찾아다녔습니다. 나는 전문가도 아니고 학위도 없는 데다 여자였기 때문입니다! 그 당시에는 그런 일을 하는 여자가 없었으니까요. 하지만 리키 박사는 끝내 6개월간의 연구 지원금을 마련해 주었습니다. 그런데 영국의 관계 당국에서 젊은 여자 혼자 미개지로 가는 것을 허락하지 않았습니다. 그러다가 동행과 함께 간다는 조건으로 마지못해 허가를 내주었습니다. 훌륭한 우리 어머니께서 기꺼이 함께 가 주었고, 4개월 동안 함께 지냈습니다. 그 뒤로 나는 혼자 남아도 좋다는 허가를 받았습니다.

곰베의 탕가니카 호수 동쪽 기슭에 들어섰을 때, 나는 집에 온 것처럼 마음이 편했습니다. 그러나 곧 중대한 문제에 맞닥뜨렸습니다. 침팬지들이 나를 무서워한 것입니다. 내가 골짜기

"나는 열 살 때부터 아프리카에서 동물과 사는 것이 꿈이었습니다."

어린 침팬지는 호기심이 아주 많다. 내가 텐트에서 차 마시는 모습을 피피가 지켜보고 있다.

반대편에서 나타나기만 해도, 침팬지들은 숨어 버렸습니다. 때로 절망감이 들기도 했습니다. 별다른 성과 없이 6개월이 끝나 버릴까 두려웠던 것입니다. 그러다 관찰하기 좋은 곳을 발견했습니다. 큰 바위가 튀어나온 곳이었는데, 나는 거기에 '봉우리'라는 이름을 붙이고 날마다 해 뜨기 전에 올라갔습니다. 늘 같은 색 옷을 입고 멀리서 쌍안경으로 지켜보기만 했더니 침팬지도 더 이상 겁을 먹지 않았습니다. 그곳에서 침팬지와 침팬지의 생활방식에 대해 점점 많은 것을 알게 되었습니다. 본 것은 모두 작은 공책에 메모해 두었다가 저녁마다 일지에 자세히 기록했습니다.

1962년에는 사진작가이자 다큐멘터리 감독인 네덜란드 사람 휴고 반 라윅과 함께 일하게 되었습니다. 일이 많아지면서, 도와줄 사람도 더 고용했습니다. 그 덕분에 내가 박사 과정을 공부하기 위해 케임브리지 대학으로 떠났을 때도 관찰을 계속할 수 있었습니다. 이제 침팬지와 비비를 날마다 관찰하고 기록하는 일은 주로 현장 팀이 맡고 있습니다. 곰베 국립공원 근처 마을 사람들로 이루어진 현장 팀은 날마다 다른 침팬지를 따라다니며 행동을 기록합니다. 우리는 침팬지의 독특한 생활사와 가족사에 대해 더 많은 사실들을 수집하고 있습니다. 탄자니아 사람 한 명과 영국 사람 한 명이 조사를 공동 지휘하고 있으며, 늘 대학원생 서너 명이 와서 침팬지 행동의 다양한 측면을 연구하고 있습니다.

우리는 곰베의 연구가 오래도록 이어지기를 바랍니다. 우리는 새로운 사실들을 계속 배워 나가고 있습니다. 내가 연구를 시작할 때 아기였던 피피가 벌써 마흔 살 가까이 되었고, 아기도 여덟 마리나 낳았습니다. 피피는 앞으로도 10년에서 15년은 거뜬히 살 것입니다.

받아들여지다

곰베에 도착해서 처음 몇 달 동안 느꼈던 흥분과 놀라움은 영원히 잊지 못할 것입니다. 숲에는 온갖 동물이 살았는데, 나는 차츰 그 동물들을 알게 되었습니다. 비비, 붉은콜로부스원숭이, 버빗원숭이, 붉은꼬리원숭이, 파란원숭이 등 원숭이 무리도 많이 만났습니다. 가끔 밤색 수풀영양이나 붉은빛이 도는 수풀돼지와 마주치기도 했습니다. 들소도 있었지만, 들소 두 마리한테 쫓겨 나무 위로 도망간 뒤로는 일부러 피해 다녔습니다. 작은 태양새부터 소리없이 날아다니는 커다란 베로수리부엉이까지 수많은 매혹적인 새들도 알게 되었습니다. 깃털이 화려한 새도 있고, 아름답게 우는 새도 있었습니다.

호수에는 악어도 두세 마리 있었고, 왕도마뱀, 카멜레온, 도마뱀붙이, 온갖 개구리와 두꺼비도 있었습니다. 뱀도 많았는데, 그중에 초록맘바나 검은맘바 같은 독사는 아주 위험했습니다. 그물에 걸린 스톰물코브라에 물려 많은 어부들이 목숨을 잃기도 했습니다. 커다란 비단구렁이도 보았습니다. 말라리아를

1967년부터 우리는 곰베의 비비도 연구하고 있다.

1. 침팬지와 만나다

옮기는 모기와 체체파리 같은 해충부터 아름다운 나비와 나방까지 곤충도 수천 가지였습니다.

　이 아름다운 세계에 익숙해지면서 침팬지에 대해서도 많은 것을 알게 되었습니다. 침팬지들은 작은 무리를 지어 돌아다녔는데, 늘 무리의 구성원이 바뀌었고, 두 무리가 만나 한 나무에서 먹이를 먹기도 했습니다. 골짜기를 사이에 두고 주거니받거니 소리를 지르고, 서로 때리거나 껴안기도 하고, 흥분해서 마구 뛰어다니기도 했습니다. 저녁이면 나무 위에서 자는데, 튼튼한 나무줄기를 골라 그 위에 작은 가지를 구부리고 엮어서 푹신한 잠자리를 만들었습니다. 잠자리 몇 군데에 올라가 보았더니

초록맘바는 검은맘바와 달리 사람을 공격하지 않지만, 어쩌다 물리면 목숨을 잃는 수도 있다. 곰베 국립공원에는 독사가 많다.

침팬지들이 모여 나무의 새싹을 먹고 있다.

튼튼하고 편안했습니다.

　　침팬지는 보통 걸어서 이동하는데, 다른 대형민꼬리원숭이들처럼 너클(손가락 마디)보행을 합니다. 즉 손가락 가운데 마디로 땅을 짚으며 걷습니다. 가끔 가까운 거리는 똑바로 서서 걷기도 합니다. 키 큰 풀 너머를 살펴보거나 두 손에 과일을 들고 있거나 비가 올 때도 두 발로 섭니다. 차갑고 축축한 땅에 손을 대기 싫은 모양이지요. 소아마비로 한 팔을 못 쓰게 된 수컷 두 마리는 나중에 마비된 손이 땅에 끌리지 않도록 똑바로 서서 멀리까지도 걸어다닐 수 있었습니다.

　　침팬지는 나무 위에서 먹거나 쉬면서 많은 시간을 보냅니다. 침팬지의 발은 인간의 손과 비슷합니다. 엄지발가락이 인간의 엄지손가락처럼 자유롭게 움직이지요. 덕분에 나무에 오를 때 발로도 쉽게 가지를 잡습니다. 다른 민꼬리원숭이들처럼 침팬지도 나무에 매달린 채 번갈아 팔을 옮겨 나무에서 나무로 건너갈 수 있습니다(이것을 '팔그네 이동'이라 합니다). 인간도 어깨 관절이 똑같은 구조라 그렇게 이동할 수 있지만, 손가락이 짧고 약해서 먼 거리를 가지는 못합니다.

플로가 청소년기의 아들 파벤의 털을 고르는 것을 지켜보고 있는 나와 휴고 반 라윅. 휴고는 곰베에서 내셔널 지오그래픽 협회에 보낼 침팬지 사진과 다큐멘터리 영화를 찍었다. 파벤의 오른쪽은 피피이다.

어린 침팬지들은 나뭇가지에 대롱대롱 매달려 노는 것을 좋아한다.

우리는 침팬지의 먹이도 알아냈습니다. 침팬지들은 갖가지 열매, 잎, 꽃, 씨, 견과, 싹, 나무속, 풀줄기를 먹었습니다. 나는 침팬지가 먹은 식물을 가져와 말려 두었다가 나중에 이름을 찾아보았습니다. 식물을 말리는 일은 어머니가 도와주었습니다.

내가 침팬지의 손을 잡으려 하고 있다.

놀라운 발견들

1960년 10월 어느 날, 나는 아주 놀라운 광경을 보았습니다. 우기가 막 시작되어 비에 젖은 풀숲을 걷고 있는데, 흰개미 집 위에 시커먼 형체가 웅크리고 있는 모습이 보였습니다. 나는 조심조심 다가가 덤불에 숨어 지켜보았습니다. 그것은 수컷 침팬지였습니다. 그 침팬지는 풀줄기를 도구로 사용하고 있었습니다. 풀줄기를 흰개미 집 통로에 조심스럽게 밀어 넣고 기다리고 있었지요. 잠시 후 풀줄기를 꺼내더니 거기에 달라붙어 있는 흰개미를 입술로 훑어 내어 와작와작 씹어 먹었습니다. 잎이 붙어 있는 줄기를 집어 좁은 입구에 들어가도록 잎을 떼어 내고 사용하기도 했습니다. 침팬지는 도구를 사용할 뿐만 아니라 도구를 만들고 있었던 것입니다. 그때까지 사람들은 인간만이 도구를 사용하고 만드는 줄 알았기 때문에, 이것은 정말로 놀라운 발견이었습니다.

거의 비슷한 시기에 침팬지가 고기를 먹는다는 사실도 알아냈습니다. 수컷 한 마리, 암컷 한 마리, 어린 침팬지 한 마리가

그렘린이 풀줄기를 도구로 이용해 흰개미를 잡아먹고 있다.

엄마 침팬지(플로)가 흰개미를 잡는 모습을 아기 침팬지(플린트)가 열심히 지켜보고 있다. 이런 식으로 침팬지 무리마다 다양한 도구를 사용하는 문화를 익힌다.

새끼 수풀돼지 고기를 먹는 모습을 본 것입니다. 몇 달 뒤에는 침팬지들이 협동하여 사냥하는 모습도 보았습니다. 사냥감은 무리에서 떨어져 나온 어린 붉은콜로부스원숭이였습니다. 침팬지들이 다 같이 사냥감을 포위하더니, 한 마리가 재빨리 나무 위로 올라가 사냥감을 죽였습니다. 그러고는 모두가 고기를 나누어 먹었습니다. 이전에는 침팬지가 채식을 하는 것으로 알려져 있었습니다.

피피가 비비들이 죽인 수풀영양을 꽉 잡고 있다. 피피는 놀랍게도 비비들로부터 수풀영양을 훔쳐 와 침팬지끼리 나누어 먹었다.

침팬지가 도구로 흰개미를 잡고 사냥과 육식을 한다는 이야기가 전해지자 내셔널 지오그래픽 협회에서 지원금을 주기로 하여 연구를 계속할 수 있게 되었습니다.

그 무렵 나는 몇몇 침팬지의 얼굴을 익혀 이름을 붙여 주었습니다. 그 당시에는 연구 대상인 동물에게 이름을 붙이는 것이 비과학적이라 하여 숫자를 붙여야 했습니다. 그러나 나는 그때까지 내 동물 친구들에게 이름을 붙여 왔기 때문에 당연히 침팬지에게도 이름을 붙여야 한다고 생각했습니다. 오늘날 현장 생물학자들은 대부분 자신이 연구하는 동물에게 이름을 붙입니다.

처음으로 나를 믿어 준 침팬지는 데이비드 그레이비어드였습니다. 데이비드는 잘 익은 기름야자 열매를 찾아 우리 캠프에 왔다가 바나나를 가져갔습니다. 내가 바나나를 내놓기 시작하자, 데이비드를 따라 골리앗과 윌리엄, 플로와 플로의 자식 등 다른 침팬지들도 바나나를 얻어먹으러 왔습니다. 약 1년 뒤에는 숲에서 만났을 때 가까이 가도 달아나지 않는 침팬지들이 많아졌습니다. 일단 침팬지들을 구별하게 되자 복잡한 침팬지 사회를 이해하기 시작했습니다.

데이비드 그레이비어드는 자기 영역에 나타난 이상한 하얀 민꼬리원숭이를 두려워하지 않게 된 최초의 침팬지였다. 데이비드와 나는 친구가 되었다.

2

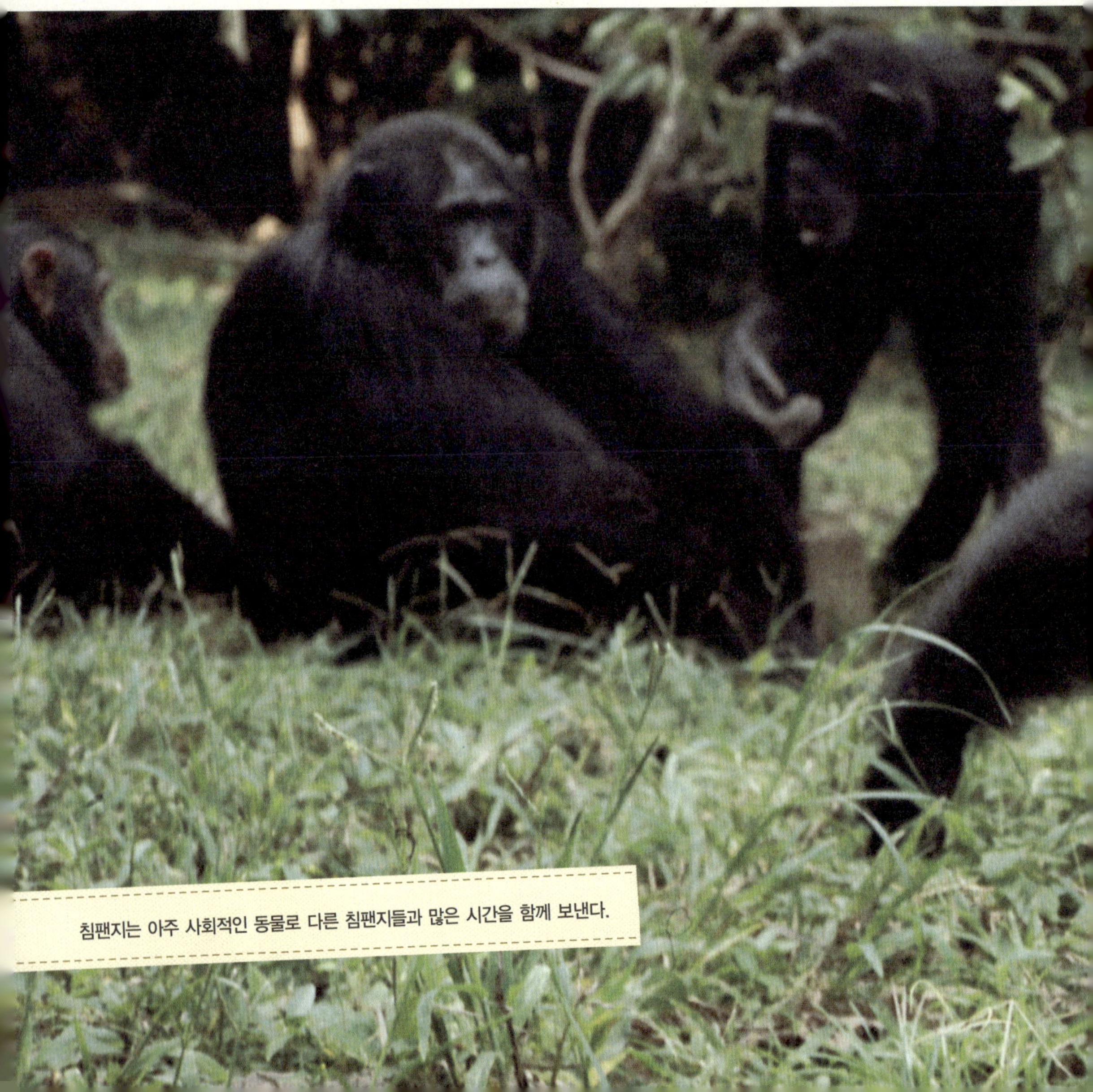

침팬지는 아주 사회적인 동물로 다른 침팬지들과 많은 시간을 함께 보낸다.

침팬지 사회

어린 암컷 침팬지가 아기 침팬지와 인사를 나누고 있다.

내가 곰베에서 알게 된 침팬지 무리는 당시 50마리가 조금 넘었습니다. 어른 수컷이 14마리 정도였고, 어른 암컷은 그보다 조금 더 많았으며, 유아기, 유년기, 청소년기의 침팬지들이 있었습니다. 침팬지는 지역에 따라 80마리씩 무리 지어 살기도 합니다. 같은 무리의 침팬지들은 서로 다 알고 지내지만, 그 가운데에는 되도록 서로 만나기를 꺼리는 침팬지들도 있고, 가끔씩만 만나는 침팬지들도 있으며, 많은 시간을 친구들과 함께 보내는 침팬지들도 있습니다. 원숭이 무리가 보통 모두 함께 다니며 먹고 자

"침팬지들 사이의 관계는 우리 인간과 무척 비슷하다.
많은 사람이 인정하기 않으려 하겠지만 사실이다."

올리의 딸 길카와 피피는 어린 시절 함께 놀던 좋은 친구였다.

플로의 딸 피피도 플로처럼 아주 훌륭한 어머니다. 피피가 자식인 페르디난드, 포스티노, 파니와 함께 시간을 보내고 있다.

는 것과는 전혀 다르지요.

　어미 침팬지는 자식이 일고여덟 살이 될 때까지 늘 함께 지냅니다. 거의 날마다 얼마 동안은 같은 무리의 침팬지를 만나지만, 대개 다른 침팬지들과 떨어져 가족끼리 다니고 잠도 가족끼리 자지요. 맛있는 먹이를 발견했을 때는 같은 무리의 침팬지들이 흥분해서 모여들기도 합니다.

　같은 무리의 침팬지들은 보통 서로 편하고 친하게 지냅니다. 수컷은 매우 사교적이고 다른 침팬지와 함께 있기를 좋아합니다. 때로는 수컷끼리 돌아다니기도 하지만 때로는 동료들과 떨어져 혼자 다니거나, 암컷 하나 또는 암컷과 어린것 여럿을 데리고 다닙니다. 나는 오랫동안 한 침팬지가 다른 침팬지와 어떤 관계인지를 연구했습니다. 그 관계들을 알아내고 나서야 침팬지의 사회 생활을 제대로 이해할 수 있게 되었습니다.

어머니와 성장한 자식 사이는 아주 가까우며, 형제자매 사이도 대개 그렇습니다. 특히 형제들은 자라면서 매우 가까운 친구이자 든든한 후원군이 되기도 합니다. 아들은 죽을 때까지 어머니와 형제자매와 가까이 지냅니다. 딸도 마찬가지지만, 이웃 무리로 옮겨 가는 경우에는 다시는 가족을 만나지 않습니다. 왜 그런지는 아직 밝혀지지 않았습니다.

침팬지 사회는 지배 서열이 정해져 있습니다. 나는 데이비드 그레이비어드의 친구인 골리앗이 우두머리, 즉 으뜸이라는 것을 알아냈습니다. 제이비가 두 번째였고, 그 다음은 휴, 휴고로 이어졌습니다. 어른 수컷은 어른 암컷보다 서열이 높았습니다. 분명히 드러나지는 않지만 암컷들 사이에도 서열이 있는 것 같았습니다. 플로가 서열이 제일 높고, 플로의 친구인 올리가 맨 아래인 것 같습니다.

골리앗은 수컷 중 덩치가 가장 크지도 않고 가장 공격적이지도 않았습니다. 하지만 천성이 용감했고 최고 자리를 지키기 위해 열심히 노력했습니다. 수컷 침팬지들은 인상적인 과시행동을 하며 서로 도전합니다. 마구 뛰어다니며 발을 구르고 손으로 때리고, 나뭇가지를 흔들거나 질질 끌고 다니고, 돌멩이를 던지는 것입니다. 상상력이 풍부한 과시행동을 자주 하면 서열이 올라가는 것 같습니다. 골리앗의 과시행동은 매우 재빠르고 인상적이었습니다. 그러나 1964년

골리앗은 내가 처음 곰베에 도착했을 때 최고 서열의 위치에 있던 수컷이었다.

골리앗은 마이크에게 최고 자리를 빼앗겼습니다. 마이크는 처음에 서열이 아주 낮았지만, 서열을 올리기로 마음먹고 우리 캠프에 와서 15리터들이 빈 등유 깡통을 쓰는 과시행동을 익혔습니다. 나는 마이크가 깡통을 두세 개씩 모아 발길로 차고 때리며 침팬지들 쪽으로 돌진하는 모습을 여러 번 보았습니다. 골리앗마저 허겁지겁 피했습니다. 마이크가 과시행동을 끝내면 다른 침팬지들이 앞다투어 몰려와 존경을 표했습니다. 실제로 싸우는

2. 침팬지 사회

마이크는 등유 깡통을 시끄럽게 굴리는 과시행동을 익혔다. 수컷들이 겁을 먹자, 서열이 낮았던 마이크가 우두머리, 즉 으뜸 수컷이 되었다.

것은 한 번도 못 보았지만, 마이크는 단 4개월 만에 최고 자리로 올라섰습니다!

6년 후 마이크가 마흔다섯 살쯤 되었을 때 젊고, 덩치 크고, 아주 공격적인 험프리가 최고 자리를 빼앗았습니다. 으뜸 수컷은 저마다 다른 방법으로 최고 자리에 올랐는데, 자세한 이야기는 내가 쓴 다른 책에 나와 있습니다. 험프리 다음에는 차례로 피건, 고블린, 윌키, 프로이드, 그리고 프로도가 으뜸이 되었습니다.

같은 무리의 침팬지들이 심하게 싸우는 일은 좀처럼 없습니다. 대개 위협적인 자세와 몸짓만으로 다툼이 해결되니까요. 팔을 휘두르고 털을 세우고 뽐내듯 똑바로 서서 걸으며 큰소리로 짖으면, 서열이 낮은 침팬지가 물러나고 싸움을 피하게 됩니다. 공격이 끝나면 보통 공격당한 침팬지가 다가가 복종의 뜻으로 웅크리고 앉아 낑낑거리거나 비명을 지릅니다. 그러면 공격한 침팬지는 너그럽게 등을 두드리거나 입을 맞추거나 안아 주어 상대를 안심시킵니다. 이렇게 해서 다시 평화가 찾아옵니다.

침팬지들이 싸울 때는 한쪽 또는 양쪽 다 목청껏 소리를

같이 놀다가 길카를 공격하는 피피.
이런 싸움으로 심한 상처를 입지는 않는다.

지르기 때문에 심하게 싸우는 것처럼 보입니다. 공격자는 상대를 때리고 밟고 끌고 다니지만, 무는 경우는 드물며, 싸움으로 중상을 입는 일도 거의 없습니다. 암컷들은 주로 자식을 보호하기 위해, 또는 먹이 때문에 싸웁니다. 수컷들은 암컷들보다 훨씬 자주 싸우며 지배 서열을 두고 겨룰 때 가장 맹렬하게 싸웁니다.

다른 무리의 침팬지와 싸울 때는 잔인하게 가차없이 공격합니다. 어른 수컷들은 영역 경계를 자주 순찰하는데, 그러다가 낯선 침팬지, 즉 다른 무리의 침팬지를 발견하면 쫓아갑니다. 낯선 침팬지가 잡히면 무서운 집단 공격을 받습니다. 이런 침팬지는 대개 어른 암컷으로, 심한 상처를 입어 죽는 경우가 많습니다. 그러나 청소년기 암컷은 공격하지 않고 순찰을 돌던 수컷들이 자기네 영역 한가운데로 데리고 돌아갑니다. 한 무리의 수컷들이 자기네보다 작은 이웃 무리의 어른 수컷과 암컷을 4년에 걸쳐 한 마리씩 공격해서 중상을 입혀 죽인 적도 있습니다. 그것은 전쟁이었습니다. 전쟁은 작은 무리가 청소년기 암컷만 남고

곰베의 수컷 침팬지들이 흥분해서 소리를 지르며 돌진하고 있다.

전멸할 때까지 계속되었습니다.

 침팬지도 우리처럼 어두운 본성이 있다는 걸 알았을 때, 나는 충격을 받았고 몹시 슬펐습니다. 인간만 전쟁을 하는 줄 알았는데, 침팬지도 전쟁과 비슷한 행동을 하는 것입니다. 침팬지 여러 마리가 한 마리를 잔인하게 공격하는 모습은 끔찍했습니다. 왜

성장한 침팬지의 공격을 받으면 중상을 입기도 한다.

희생자를 구해 주지 않았느냐고 물을지도 모릅니다. 사실 침팬지가 우리보다 훨씬 힘이 센 데다가 흥분하면 아주 난폭해지기 때문에, 우리도 어쩔 수 없었습니다. 나중에 상처 입은 침팬지를 도와주는 게 고작이었습니다.

침팬지의 의사소통

침팬지는 인간과 비슷한 점이 많지만, 분명히 다른 점도 많습니다. 가장 큰 차이는 인간만이 정교한 언어를 발달시켰다는 사실일 것입니다. 단어로 이루어진 언어가 있어야만 토론을 하고 먼 미래의 계획을 세우고 눈앞에 없는 사물이나 사건을 가르쳐 주고 집단에서 의견을 주고받을 수 있습니다.

침팬지도 물론 소리로 의사소통을 합니다. 침팬지들이 내는 많은 소리는 모두 의미가 다릅니다. 우리가 확인한 소리만 해도 적어도 34가지였습니다. 그중에는 다정하게 끙끙거리는 소리, 화가 나서 짖는 소리, 괴로워서 낑낑거리는 소리, 무섭거나 화났을 때 외치는 소리, 온 숲 속이 겁에 질리도록 크게 울부짖으며 경고하는 소리, 그리고 먼 곳까지 알리는 데 쓰는 팬트훗 소리(낮게 우우거리다가 으르렁거리거나 째지는 비명소리)도 있습니다. 침팬지마다 목소리가 달라서 팬트훗을 들으면 누구 소리인지 알 수 있습니다. 같은 무리의 침팬지들은 흩어져 있을 때 팬트훗으로 연락합니다.

침팬지마다 팬트훗 소리가 다르기 때문에 같은 무리의 침팬지들은 누구의 소리인지 알아듣는다.

침팬지도 우리처럼 얼굴 표정, 몸짓, 자세로도 의사소통을 합니다. 서열이 낮은 침팬지는 서열이 높은 수컷 앞에서 끙끙거리며 웅크리거나 손을 내밀어 인사합니다. 위협할 때는 털을 세우고 뽐내듯 똑바로 서서 걷습니다. 침팬지들 사이에서는 만지는 것이 매우 중요합니다. 겁을 먹으면 서로 만지거나 안아 줍니다. 친한 사이에서는 입을 맞추거나 포옹하거나 손을 잡습니다. 입을 삐죽 내밀면 괴롭다는 뜻이고, 이를 다 드러내면 무섭다는 뜻입니다. 웃을 때는 아랫니만 드러내지요.

침팬지는 한 시간이 넘도록 서로 털을 골라 주기도 합니다. 다른 침팬지의 털을 손가락으로 부드럽게 훑으며 피부를 깨끗하게 해 주는 것입니다. 털고르기는 마음을 안정시켜 주는 중요한 우호적 행동입니다. 어머니는 털을 골라 주며 아기를 진정시키고, 성장한 자식과도 서로 털을 골라 주며 시간을 보냅니다. 털고르기는 공동 영역을 지키기 위해 서로 도와야 하는 어른 수컷 사이에서 특히 중요합니다.

데이비드 그레이비어드가 나에게 털고르기를 허락한 날은 결코 잊지 못할 것입니다. 야생의 어른 수컷 침팬지가 털고르기

침팬지들은 울음소리, 몸짓, 자세, 표정으로 의사소통을 한다.

야생 수컷 침팬지인 데이비드 그레이비어드가 처음으로 나에게 털고르기를 허락한 순간은 자랑스럽기 그지없었다.

를 시킬 만큼 나를 믿어 준 것입니다. 그러나 나중에는 이것이 실수였음을 알았습니다. 침팬지와 직접 관계를 맺는 것은 여러 가지 이유로 좋지 않습니다. 침팬지의 자연스러운 행동을 관찰하려면 개입해서는 안 됩니다. 침팬지가 인간보다 훨씬 힘이 세기 때문에 지나치게 친해지면 위험할 수도 있습니다. 그뿐만 아니라 우리가 침팬지에게 병을 옮길 수도 있고 침팬지가 우리에게 병을 옮길 수도 있습니다. 하지만 초기에 침팬지와 맺은 교류

털고르기는 매우 중요한 사회적 행동이다. 털고르기를 통해 우정이 두터워지고 불안이나 흥분이 진정된다.

는 매우 특별했습니다. 그것은 긴 인내와 결단에 대한 멋진 보답이었습니다.

예전에 과학자들은 인간만이 행복이나 슬픔, 분노, 공포, 절망 같은 감정을 느낀다고 생각했지만, 지금은 많은 연구자들이 동물의 감정을 연구하고 있습니다. 인간처럼 침팬지도 얼굴 표정을 보면 보통 기분을 알 수 있습니다.

침팬지의 표정은 다양하다. 마이크가 이를 드러낸 것은 불안하다는 뜻이다.

한 번은 데이비드 그레이비어드를 따라 숲 속에 들어갔다가 멋진 의사소통을 했습니다. 데이비드가 시냇가에 앉자, 나도 가까이 앉았습니다. 땅바닥에 침팬지가 좋아하는 빨갛게 익은 기름야자 열매가 떨어져 있었습니다. 그래서 나는 그 열매를 손바닥에 올려놓고 데이비드에게 내밀었습니다. 데이비드는 고개를 돌렸습니다. 나는 더 가까이 내밀었습니다. 데이비드는 내 눈

피건이 내 손을 잡아당기며 같이 놀자고 조르고 있다.

을 들여다보더니 열매를 집어 떨어뜨리고는, 아주 부드럽게 내 손을 잡았습니다. 그것은 침팬지들이 서로를 안심시킬 때 쓰는 몸짓입니다. 데이비드는 열매를 먹고 싶지 않았지만, 나의 마음을 알아준 것입니다. 인간과 침팬지 사이에 말 없이도 이해할 수 있는 의사소통이 이루어졌습니다. 그것은 평생 잊지 못할 순간이었습니다. 지금도 눈을 감으면 내 손에 와 닿던 데이비드의 부드럽고 따뜻한 손길이 느껴집니다.

파니가 팍스를 내려다보고 있다.

어머니와 아기

포스티노.

나는 피피와 피피의 어머니 플로에게서 가족 생활의 중요성을 많이 배웠습니다(피피의 가족은 모두 이름이 'ㅍ'으로 시작합니다). 1961년에 처음 보았을 때 아기였던 피피가 10년이 지나 첫아이를 낳았습니다. 피피가 커다란 잠자리를 만들어 자리를 잡더니 아침에는 아기가 태어나 있었습니다. 우리는 아기에게 프로이드 라는 이름을 붙여 주었습니다.

야생 암컷은 대부분 아기를 키울 줄 압니다. 어머니들이

플로는 피피와 플린트에게 훌륭한 어머니였다. 아기 남동생 플린트에게 완전히 반해 버린 피피가 플린트에게 입을 맞추고 있다.

아기를 돌보는 모습을 보았을 뿐만 아니라, 막내만 아니면 동생을 안고 다니며 털을 골라 주고 함께 놀아 본 경험이 있기 때문입니다. 피피도 그랬습니다. 피피의 어머니 플로는 세심하고 믿음직하고 다정하고 잘 놀아 주는 훌륭한 어머니였습니다. 플로는 자식들이 다른 침팬지와 싸우면 도와주기도 했습니다. 피피는 1964년에 남동생 플린트가 태어나자, 어머니 플로를 보고 많은 것을 배웠습니다. 피피는 동생을 무척 귀여워해서 털을 골라 주거나 함께 놀고 싶어 틈만 나면 동생 곁에 붙어 있었습니다. 플린트가 5개월이 되자, 어머니의 허락을 받아 식구끼리 다닐 때 플린트를 업기도 했습니다.

피피는 1971년에 프로이드를 낳았습니다. 피피는 처음부터 나무랄 데 없는 어머니였습니다. 프로이드가 조그맣게 후후 소리를 내며 젖꼭지를 찾아 파고들면 피피는 젖을 물려 주었습니다. 또 프로이드가 혼자 힘으로 매달릴 수 있을 때까지 늘 프로이드를 안고 다녔습니다.

하지만 모두가 피피만큼 아기를 잘 돌보는 것은 아닙니다. 패션이나 패티 같은 어머니도 있으니까요. 패션은 아기를 낳을

"침팬지와 가장 많이 닮은 생물은 우리 인간입니다."

곰베의 두 침팬지 가족이 함께 시간을 보내고 있다. 왼쪽부터 페르디난드, 가이아, 그렘린, 갈라하드, 피피, 포스티노이다.

피피가 프로이드를 재우고 있다.

수록 나아지긴 했지만, 아기에게 엄하고 차갑게 대했습니다. 패티는 아기 키우는 법을 몰랐던 탓에 첫아기가 죽고 말았습니다. 둘째를 낳았을 때도 잘 돌본 건 아니지만 다행히 둘째는 살아남았고, 다섯째를 낳았을 때는 패티도 좋은 어머니가 되어 있었습니다.

나는 피피와 프로이드의 모습을 흐뭇하게 바라보곤 했습니다. 피피는 프로이드를 아주 잘 돌봤습니다. 프로이드는 다섯 살이 될 때까지 젖을 먹었고 밤이면 어머니 품에서 잤습니다. 처음에는 피피가 이동할 때 항상 배에 매달렸지만 5개월부터는 주로 등에 업혔습니다. 그리고 어머니가 주의 깊게 지켜보는 가운데, 걸음마와 나무 타기를 동시에 시작했습니다.

어머니들이 만나면 어린 침팬지들도 저희끼리 놀며 시간을 보낸다.

피피는 어머니 플로처럼 사교적이라 다른 침팬지들과 많은 시간을 보냈습니다. 덕분에 프로이드가 걷게 되고 나무도 탈 줄 알게 되자, 어른 수컷을 비롯한 다른 침팬지들과 자주 놀 수 있었습니다. 프로이드는 놀이를 하며 다른 아기와 어머니들의 성격에 대해 많은 것을 배웠습니다. 서열이 높은 어머니의 자식과 싸우면 당장 야단을 맞았고, 그러면 도와주러 달려온 피피까지 곤란해졌습니다.

프로이드는 나뭇가지에서 나뭇가지로 건너뛰거나 인간 아이들이 장난감을 갖고 놀듯 여러 가지 물건을 가지고 놀면서도 많은 것을 배웠습니다. 경험을 통해 배우는 것입니다. 무엇이 무서운지, 어떤 상황에서 어떻게 행동해야 하는지를 배우면서 잘못을 하면 혼이 나기도 했습니다. 예를 들어 기분이 언짢은 수컷 옆에서 알짱거리다 위협을 당하거나 맞기도 했습니다. 다른 침팬지의 행동, 특히 어머니 피피의 행동을 보고 따라하면서도 배웠습니다. 프로이드는 피피가 먹는 것을 그대로 따라 먹었습니다. 풀줄기나 막대기로 개미와 흰개미를 잡고, 나무 구멍에 고인 빗물을 나뭇잎을 이용해서 마시는 연습도 했습니다.

인간 어린이들처럼 어린 침팬지들은 놀이를 좋아한다.

이 어린 침팬지들은 사이 좋은 친구다.

피피가 젖을 떼려고 젖도 주지 않고 업어 주지도 않자, 아기들이 다 그렇듯 프로이드도 몹시 혼란스러워했습니다. 프로이드는 달려가면서 땅바닥을 치고 소리를 질러 댔습니다. 그러면 피피가 따라가서 꼭 안아 주었습니다. '이제 젖을 먹거나 업히면 안 돼. 그래도 엄마는 널 사랑한단다.'라고 하는 것 같았습니다. 프로이드가 다섯 살이 되고 새로운 규칙에 익숙해질 즈음 남동생이 태어났습니다. 프로이드는 형답게 갓난 동생 프로도를 무척 예뻐했습니다. 피피가 허락하자마자 프로이드는 프로도를 안고 다니며 털을 골라 주고 함께 놀았습니다. 프로이드는 젖을 떼고 나서도 어머니 곁에 머물면서 동생에게 훌륭한 놀이친구이자 본보기가 되

프로이드.

어 주었습니다. 프로도는 형이 하는 일을 잘 보고 그대로 따라한 덕분에 형보다 이른 나이에 많은 것을 익혔습니다.

피피네 가족이 서로 돕는 모습은 아주 흥미로웠습니다. 많은 침팬지들이 나이를 먹으면서 서열이 높아지는데 피피도 그랬습니다. 프로이드가 무리의 암컷들에게 도전했을 때 피피보다 서열이 낮은 암컷에게는 모두 이겼습니다. 항상 피피가 달려와서 도와주었기 때문입니다. 프로이드가 나이를 먹자 이번에는 피피가 프로이드의 도움으로 암컷 가운데 최고가 되었습니다.

프로이드와 피피는 프로도가 싸울 때도 도와주었고, 그 뒤로 태어난 동생도 온 형제자매가 도왔습니다. 물론 막내도 형, 누나들의 보살핌을 한 몸에 받았지요.

프로이드는 열 살이 되자 어른 수컷들에게 도전했습니다. 그렇게 조금씩 서열을 높여 나가다 스물두 살 때 마침내 우두머리가 되었습니다. 그때부터 프로이드는 4년 동안 무리를 지배했습니다. 그러다 심한 피부병이 퍼져서 프로이드가 몹시 앓았을 때, 동생 프로도가 우두머리 자리를 차지했습니다(이때 피피도 크게 앓아 털이 다 빠졌고, 피피의 일곱째 아기 프레드는 병이 너무 심해서 죽었습니다).

두 개의 특별한 이야기

곰베에서 40년 동안 연구하면서 우리는 멋진 침팬지들을 알게 되었고, 그중 몇몇은 이 책에도 나와 있습니다. 놀라운 일도 있었고 슬픈 일도 있었습니다.

플로는 죽을 때 틀림없이 쉰 살은 넘었을 것입니다. 몸집도 작아지고 털도 듬성듬성해지고 이도 다 닳았으니까요. 플로는 침팬지가 많은 곳을 피해 여덟 살 된 아들 플린트와 단둘이 다녔습니다. 플린트는 플로가 죽을 때 함께 있었는데, 분명히 어머니가 돌봐 줘야 할 나이가 지났는데도 플로 없이는 살아갈 수 없는 것 같았습니다. 플린트는 점점 침울해져서 먹지도 않고 다른 침팬지와 어울리지도 않았습

플린트는 태어나서 죽을 때까지 성장 과정을 기록할 수 있었던 첫 야생 침팬지이다.

플로는 다정하고 잘 놀아 주는 어머니였다.
플로가 간지럼을 태우자 플린트가 웃고 있다.

니다. 그러다 결국 병이 나서 플로가 죽은 지 6주 만에 죽고 말았습니다. 나는 플린트가 슬퍼서 죽었다고 생각합니다.

내가 아주 좋아하는 이야기도 있습니다. 미프라는 침팬지가 세 살 3개월 된 자식 멜만 남기고 죽었습니다. 아기침팬지는 적어도 3년은 젖을 먹어야 합니다. 멜은 나이도 어릴 뿐 아니라 허약해서 다들 죽을 것이라고 생각했습니다. 그런데 놀랍게도, 열두 살된 수컷 스핀들이 멜을 입양했습니다. 스핀들은 이동할 때 멜을 기다려 주고, 업고 다니고, 밤이면 함께 잤습니다. 멜이 달라고 하면 먹이를 나누어 주었고, 심지어 어른 수컷이 거친 과시행동을 시작할 때 멜이 너무 가까이 가면 얼른 안전한 곳으로 데려갔습니다. 아기침팬지가 자라서 혼자 피할 수 있을 때까지 어머니가 이런 일들을 합니다.

어른 수컷은 과시행동을 하다가 거치적거리는 아기를 집어던지거나 질질 끌고 다니기도 하기 때문에 아주 조심해야 합니다. 수컷이 과시행동을 할 때는 아기침팬지 따위는 안중에도 없는 것 같습니다. 스핀들은 어른 수컷이 잠재적인 경쟁 상대로 여기는 청소년기 수컷이라 더욱 조심해야 하는데도 이렇게 용감

어머니가 죽은 후 어린 멜은 돌보아 줄 이 없이 혼자 남았으나, 스핀들이 입양한 덕분에 살 수 있었다.

한 행동을 했습니다. 보통 청소년기 수컷은 어른 수컷이 과시행동을 할 때는 잘 피해 있습니다. 사실 스핀들도 멜을 구하다 몇 번이나 얻어맞았습니다. 그래도 항상 멜을 구했습니다.

　　스핀들은 멜의 목숨을 구했습니다. 흥미로운 점은 전염병이 돌아 멜의 어머니가 죽었을 즈음, 스핀들도 늙은 어머니를 잃었다는 사실입니다. 열두 살 먹은 침팬지는 어머니가 없어도 살 수 있습니다. 하지만 어머니가 살아 있다면, 얻어맞거나 다치거나 겁을 먹었을 때 어머니한테 가서 쉽니다. 스핀들은 어머니의 죽음으로 마음이 허전했는지도 모릅니다. 자기를 그토록 의지하는 어린 멜과 맺은 친밀한 관계가 허전한 마음을 채워 주었을지도 모르지요. 하지만 정말 그랬는지는 영원히 알 수 없습니다.

윙클이 죽자, 아홉 살의 운다가 어린 남동생 울피를 키웠다. 운다는 울피를 안고 다니고, 자기 잠자리에서 같이 자며 보살펴 주었다.

4

그렘린과 딸 쌍둥이 골디와 글리타.

숲 속의 하루

곰베의 숲에서 보낸 시간은 무척 소중하다.

야생 침팬지의 하루하루는 늘 새롭습니다. 여러분이 숲 속 생활을 실감할 수 있도록 하루 동안 한 침팬지를 따라가 보겠습니다. 내가 아주 좋아하는 그렘린을 따라가기로 하지요. 그렘린은 우리가 아는 침팬지 중 세 번째로 쌍둥이를 낳았습니다. 1999년의 이날에 그렘린의 자식은 넷이 되었습니다. 첫째가 청소년기의 아들 갈라하드이고, 그 다음이 일곱 살 된 딸 가이아, 그 밑이 골디와 글리타라는 딸 쌍둥이입니다. 지금부터 그렘린 가족을 따라 숲 속으로 들어가 침팬지 친구들을 만나 보세요.

우리는 잔잔한 탕가니카 호수가 내려다보이는 곳에 조용히 앉아 있습니다. 달빛이 차츰 새벽빛으로 변합니다. 머리 위 높은 곳에서 나뭇잎이 바스락거립니다. 전날 밤 그렘린과 아기들이 잠든 곳입니다. 곰베 전체에서 침팬지들이 깨어나 나뭇잎 잠자리에서 졸린 듯 움직입니다. 온 아프리카에서 침팬지들이 새로운 하루를 준비하고 있을 것입니다.

날이 밝으면서, 그렘린이 다시 바스락거리더니 물이 쏟아지는 소리와 묵직한 것이 털썩 떨어지는 소리가 납니다. 고릴라와 달리 침팬지는 아주 아플 때가 아니면 잠자리를 배설물로 더럽히지 않습니다. 그렘린은 젖을 빨려고 다가온 글리타의 털을 누운 채로 느릿느릿 골라 줍니다.

바스락거리는 소리가 커지더니 가까운 잠자리에서 잔 가이아가 어머니 그렘린에게 건너와 팔을 잡고 털을 골라 달라고 합니다. 그렘린은 일어나 앉아 하품을 하고는 가이아와 서로 털을 골라 줍니다. 글리타가 언니 가이아의 무릎에 기어오릅니다. 글리타의 쌍둥이 골디는 겁도 없이 3미터 정도 떨어진 오빠 갈라하드의 잠자리로 조심조심 기어갑니다.

곧 골디가 돌아오자, 그렘린은 쌍둥이를 데리고 나무를 내려옵니다. 그렘린이 쌍둥이를 등에 태우고 덤불 속으로 들어가자 가이아가 뒤를 따르고, 우리도 덤불을 헤치며 따라갑니다. 갈라하드는 나무 위로 이동하고 있습니다. 곧 그렘린이 잘 익은 무화과가 열린 나무에 올라갑니다. 그곳에서 그렘린의 오빠 김블이 무화과를 먹고 있습니다. 모두들 반가워하며 기쁜 듯 부드럽게 끙끙거립니다. 가이아가 달려와서 김블의 머리에 입을 맞추자 김블이 다정하게 가이아의 등을 어루만집니다. 갈라하드가 얼른 삼촌의 털을 골라 줍니다.

침팬지들이 배불리 먹습니다. 떠들썩울새 한 쌍이 아름답게 노래합니다. 작은 다람쥐가 쪼르르 나무를 올라갑니다. 아래쪽에는 화려한 나비들이 날아다닙니다. 한 시간쯤 지나자 덤불 속에서 부스럭거리는 소리가 나더니 어른 수컷 둘이 나타납니다. 으뜸 수컷인 프로도와 그렘린의 첫째 오빠 고블린입니다. 그렘린과 그렘린의 자식들이 두 침팬지를 보고 흥분해서 큰 소리로 팬트훗 소리를 냅니다. 갈라하드가 인사를 하려고 재빨리 나

"나에게 숲은 천장이 나뭇잎으로 된
빛이 춤추는 사원이며 대성당입니다."

골디가 그렘린의 등에 업혀 있다. 글리타는 아래쪽에 매달려 있다.

무를 내려옵니다. 그러나 갈라하드가 다 내려오기도 전에 프로도와 고블린이 당당한 과시행동을 시작하여 이리저리 뛰어다니며 가지를 잡아당기고 돌을 내던집니다. 갈라하드는 비명을 지르며 얼른 도로 나무에 올라갑니다. 프로도와 고블린이 차례로 거대한 나무의 굵은 밑동을 쿵쿵 때리고 찹니다. 그리고 나서야 둘 다 조용해집니다. 둘은 과시행동을 끝내고 나무에 올라 식사를 합니다.

15분 정도 지나자 다시 부스럭거리는 소리와 나뭇가지 부러지는 소리가 납니다. 또 침팬지들이 오나 봅니다. 이번에는 피피와 어린 두 아들 포스티노와 페르디난드, 아기인 딸 플러트입니다. 피피가 나무 밑에 앉아 위를 쳐다보더니, 고블린과 눈이 마주치자 조그맣게 끙끙거리며 인사합니다. 포스티노와 페르디난드가 재빨리 나무에 올라 어른 수컷들에게 인사합니다. 그리고 나서 포스티노는 갈라하드와 나뭇가지를 타며 술래잡기를 하고, 페르디난드는 가이아와 놉니다. 골디가 끼어들자, 둘 다 골디와도 잘 놀아 줍니다. 피피가 올라와 고블린과 서로 털을 골라 줍니다. 피피의 품에는 플러트가 잠들어 있습니다. 어린 침팬지

포스티노와 페르디난드가 나뭇잎을 먹다가 잠시 쉬고 있다.

들이 함께 놀며 조그맣게 낄낄거리고 웃는 소리가 들립니다. 글리타는 엄마 곁에서 나무의 작은 구멍들을 찬찬히 살펴봅니다. 가지 위를 돌아다니는 개미들을 잔가지로 쿡쿡 찌르고 발로 짓밟기도 합니다.

날이 더워지자, 어른들이 하나씩 나무에서 내려와 땅바닥에 눕습니다. 그렘린은 쌍둥이와 피피의 아들들과 함께 나무 위에 남아 있습니다. 숲은 평화롭기 그지없습니다. 비비 무리가 지나갈 때만 잠시 술렁이더니, 10분 정도 가이아가 어린 수컷 비비 둘과 함께 놉니다. 가이아가 비비들의 꼬리를 잡으려고 가지에서 가지로 쫓아다닙니다. 그러다 비비들이 무리를 따라 가 버리자, 가이아는 나무 위로 올라가 글리타와 놉니다.

한 시간쯤 지난 뒤에 침팬지들이 다 같이 떠납니다. 갑자기 위쪽 나뭇잎 속에서 새소리 같은 붉은콜로부스원숭이의 울음소리가 들립니다. 침팬지들이 흥분합니다. 침팬지들은 손을 뻗어 서로를 만지며 털을 곤두세우더니 나무 위로 올라가 사냥을 시작합니다. 훌륭한 사냥꾼 프로도가 조그만 새끼 원숭이를 어미에게서 낚아채 재빨리 목을 물어 죽입니다. 다른 침팬지들이

피피가 여덟째 자식인 플러트와 함께 있다.

4. 숲 속의 하루

고기를 얻으려고 모여듭니다. 프로도는 조금씩이나마 거의 모두에게 고기를 나누어 줍니다. 피피는 제법 큰 조각을 얻어 자리를 옮겨서 나뭇잎을 곁들여 천천히 씹어 먹습니다. 어린 자식들이 피피에게 고기를 달라고 조릅니다. 그렘린은 쌍둥이를 데리고 멀찍이 떨어져 있습니다. 가이아가 고기를 달라고 프로도에게 낑낑거리지만 아무것도 못 받습니다.

고기를 다 먹자 침팬지들이 흩어집니다. 나이 든 수컷들은 같은 방향으로 떠납니다. 그렘린과 피피는 어린것들을 데리고 같이 갑니다. 이윽고 그렘린이 땅속에 있는 벌집을 발견합니다. 그렘린은 굵은 나뭇가지를 부러뜨려 벌집 입구를 넓히고는 성난 벌들에도 아랑곳하지 않고 꿀이 든 벌집을 한 손 가득 들어냅니다. 쌍둥이가 그렘린의 털에 얼굴을 묻고 킹킹거립니다. 피피가 달려와 먹이를 나눠 갖습니다. 침팬지들은 벌을 피해 자리를 옮겨 꿀을 맛있게 먹습니다. 쌍둥이는 그렘린의 손에 든 꿀을 핥아 먹습니다. 가이아는 조심스럽게 벌집에 다가가 한 손으로 마구 벌 떼를 쫓으며 다른 손으로 용감하게 벌집을 한 움큼 움켜쥡니다. 페르디난드와 플러트는 피피의 것을 나누어 먹습니다.

가이아가 물이 고인 나무 구멍에 나뭇잎을 한 줌 넣는다.
나뭇잎을 스폰지로 이용해 물을 얻으려는 것이다.

　얼마 뒤 페르디난드가 형 포스티노의 팬트훗을 듣고 그쪽으로 가자 피피도 따라갑니다.

　갑자기 갈라하드가 위쪽 나뭇가지를 헤치고 나타나자 그렘린과 딸들도 식사를 마칩니다. 그렘린이 아기들을 데리고 떠납니다. 그렘린 가족은 물살이 빠른 작은 개울에 잠시 멈추어서 몸을 숙이고 맑은 물을 마십니다. 그러고는 은은한 저녁 빛 속에 나무에 올라 그날의 마지막 식사로 밝은 노란색 꽃을 따 먹습니다.

이제 잘 시간입니다. 그렘린은 잎이 무성한 나무로 갑니다. 가지 두 개를 골라 그 위에다 잔가지들을 구부리고 엮습니다. 나뭇잎이 붙은 가지를 깔아서 푹신하고 편안한 잠자리를 만듭니다. 잎이 붙은 잔가지 몇 개를 더 집어다 베개를 만듭니다. 그러고는 잠자리에 누워 쌍둥이에게 젖을 물립니다. 가이아는 가까운 곳에 잠자리를 만듭니다. 갈라하드는 잠시 더 먹이를 먹다가 잠자리를 만들어 눕습니다.

아프리카 모든 숲에서 길고 바쁜 하루를 보낸 침팬지들이 잠자리에 누웠습니다. 비가 오는 곳에서는 춥고 고달픈 밤을 보내게 될 것입니다. 그러나 곰베 지역은 우기가 두 달이나 남았습니다.

우리가 그렘린을 두고 집으로 돌아가려는 순간, 깊은 숲속에서 수컷 한 마리의 팬트훗 소리가 들립니다. 고블린의 목소리입니다. 그렘린과 갈라하드가 소리를 질러 답하고, 곧이어 가이아도 함께 소리를 지릅니다. 쌍둥이는 깜짝 놀라 조그맣게 우우 소리를 냅니다. 멀리서 다른 침팬지들까지 소리를 지르자 모두의 목소리가 어우러져 합창처럼 들립니다. 침팬지들이 잠잠해

나무 높은 곳에 편안한 잠자리를 만든 가이아.

탕가니카 호수는 우기에 해가 지는 모습이 눈부시게 아름답다.

질 무렵 어둑하던 저녁이 캄캄한 밤으로 바뀝니다. 우리는 손전등을 비추며 조심조심 산비탈을 내려와 곰베의 우리 집, 호숫가의 오두막으로 돌아옵니다.

프로도가 무엇인가를 보고 있다.
침팬지가 무슨 생각을 하는지 알 수만 있다면…….

침팬지의 지능

내 친구였던 개 중에서 가장 영리했던 러스티.
러스티는 동물의 세계에 대해 많은 것을 가르쳐 주었다.

예전의 과학자들은 동물이 영리하다는 사실을 몰랐습니다. 50년 전에 내가 학교에 다닐 때만 해도 인간만이 개성이 있고, 사고하고 추론할 수 있으며, 고통을 느끼고 감정이 있다고 했으니까요. 다행히 나는 어린 시절에 러스티라는 개와 함께 지내며 동물의 행동을 보아 왔기 때문에 그것이 틀렸다는 걸 알고 있었습니다!

    침팬지에 대해 많은 것을 알면 알수록, 침팬지가 인간과 비슷한 두뇌를 가졌으며 인간만 하는 줄 알았던 많은 일을 할 수

피건이 나뭇잎을 뭉쳐 만든 스펀지로 빗물을 빨아 먹고 있다.

있다는 사실이 확실해집니다. 곰베의 침팬지들이 풀줄기와 잔가지로 흰개미를 잡는다는 사실은 이미 말했습니다. 병정개미는 물기 때문에 매끄러운 긴 막대기를 써서 잡습니다. 나뭇잎을 꾸깃꾸깃 뭉쳐서 깊은 나무 구멍 속의 물을 묻힌 다음 물기를 빨아먹기도 합니다. 몸에 더러운 것이 묻으면 나뭇잎으로 닦아 냅니다. 단단한 막대기로는 새 둥지나 꿀이 들어 있는 나무 구멍을 넓히거나, 몽둥이처럼 휘둘러서 다른 침팬지나 동물에게 겁을 줍니다. 돌을 대포처럼 집어 던지기도 합니다.

침팬지는 지역에 따라서 다른 도구를 사용합니다. 예를 들어 서아프리카와 중앙아프리카 침팬지들은 돌 두 개를 망치와 받침대 삼아 견과류를 쪼갭니다. 어린 침팬지는 어른을 보고 흉내 내고 연습해서 이런 행동을 배웁니다. 침팬지들 사이에 원시적인 소박한 문화가 있는 것입니다.

많은 과학자들이 침팬지를 가둔 채 지능을 시험합니다. 예를 들어 침팬지는 우리 밖에 놓인 먹이에 손이 닿지 않으면 막대기를 써서 끌어당깁니다. 짧은 막대기 두 개를 이어 긴 막대기를 만들기도 하지요. 침팬지는 기억력도 좋습니다. 와슈라는 암컷

"침팬지의 마음으로 침팬지의 눈을 통해 세계를 볼 수 있기를 얼마나 바랐는지 모릅니다. 그 꿈을 얻기 위해서라면 평생을 바쳐 연구할 가치가 있습니다."

기니의 침팬지들은 돌멩이에 기름야자 열매를 올려놓고 다른 돌멩이를 망치 삼아 두드려 열매를 쪼개어 먹는다.

은 자기를 키워 준 두 사람을 11년 만에 보고도 알아보았습니다. 침팬지는 무슨 일을 할지 계획을 세울 줄도 압니다. 곰베에서는 잠에서 깬 침팬지가 느릿느릿 몸을 긁고는 여기저기 살펴보다 갑자기 풀숲으로 가서 풀줄기를 골라 잎을 떼어 내고 상당히 멀리까지 흰개미집을 찾아가는 모습을 자주 볼 수 있습니다. 도구를 만들 때는 흰개미집이 보이지도 않았는데 말이지요.

침팬지는 자전거 타기나 바느질 등 인간이 하는 많은 일을 배울 수 있습니다. 어떤 침팬지는 그림 그리기를 좋아합니다. 침팬지는 거울에 비친 자기 모습도 알아봅니다. 그러나 성대 구조가 다르기 때문에 말하는 법은 배울 수 없습니다. 과학자인 헤이즈 부부는 비키라는 어린 침팬지에게 말을 가르쳐 보았지만, 비키는 8년이 지나도 고작 네 단어밖에 말할 수 없었고, 그것도 비키를 아는 사람만 알아들었습니다.

가드너 부부는 다른 실험을 해 보았습니다. 아기 침팬지 와슈에게 청각장애아들이 쓰는 수화를 가르친 것입니다. 와슈 다음에 다른 침팬지들에게도 수화를 가르쳤습니다. 침팬지는 300개 이상의 기호를 배울 수 있으며, 기호를 만들 수도 있습니다.

아이는 일본에서 컴퓨터를 다룰 줄 아는 것으로 유명한 침팬지이다. 고등학생보다 빨리 과제를 해내기도 한다. 아이는 나보다도 빨랐다.

아이는 1978년부터 교토 대학에서 언어기술을 배우고 있다. 아이의 6개월 된 아기인 아유무는 인간의 아이처럼 블록 쌓기를 배울 것이다.

루시라는 침팬지는 브라질땅콩을 먹고 싶지만 이름을 모르자 아는 기호 두 개를 써서 '돌 열매'를 달라고 했습니다. 거품 나는 사이다는 '소리 나는 마실 것'이라 했고, 연못을 떠다니는 오리는 '물새', 셀러리 조각은 '대롱 먹이'라고 했습니다.

　와슈의 양아들은 여덟 살이 될 때까지 와슈와 기호를 사용하는 다른 세 침팬지로부터 58개의 기호를 배웠습니다. 이 침팬지는 인간에게서 기호를 배운 적이 없었습니다. 어떤 침팬지는 컴퓨터 '언어'를 배워서 제법 복잡한 문장을 입력하기도 합니다. 이 실험들을 통해 침팬지의 지능에 대해 많은 것을 알게 되었고 앞으로도 계속 알아나갈 것입니다.

감동이 있는 침팬지

인간과 많이 닮은 침팬지는 인간에게 잡히면 몹시 가혹한 대우를 받기 일쑤입니다. 17세기 중반에 처음 침팬지가 유럽에 들어왔을 때, 유럽 사람들은 인간과 닮은 이 동물을 보고 깜짝 놀랐습니다. 그러고는 침팬지에게 옷을 입히고 재주를 가르쳤습니다.

그때부터 우리는 침팬지를 노예처럼 다루곤 했습니다. 아프리카에서 어미를 쏘아 죽이고 아기 침팬지를 전세계에 보내어, 동물원 우리에 가두거나 훈련시켜 영화, 서커스, 광고에 내보내거나, 애완용으로 팔거나, 의학 연구소 실험실에 가둡니다. 더러 유명해진 침팬지도 있습니다. 여러 해 동안 텔레비전 '투데이' 쇼의 스타였던 침팬지 J. 프레드 머그스는 수백만의 시청자에게 알려졌습니다. 하지만 시청자들은 J. 프레드 머그스 역을 맡은 침팬지가 쇼에 맞지 않게 자라고 힘이 세지면 어린 침팬지로 교체되었다는 사실을 몰랐습니다.

햄이라는 어린 수컷 침팬지는 우주에 보내졌습니다. 햄은 1961년 1월 머큐리 레드스톤 로켓에 실려 발사되었고, 공포에

마흔세 살의 수지는 30년 이상 쇼에 출연했다.

5. 침팬지의 지능 103

질리긴 했지만 살아남았기 때문에, 인간 우주비행사를 보내도 괜찮다는 결론이 나왔습니다. 햄은 잘못된 버튼을 누를 때마다 전기충격을 받는 방식으로 할 일을 익혔습니다. 보통 서커스 침팬지는 훈련을 시작할 때 즉시 복종하지 않으면 매를 맞는다는 것부터 배웁니다. 조련사와 침팬지 둘만 있을 때 매질을 하기 때문에 사람들은 이 같은 사실을 잘 모릅니다. 침팬지뿐만 아니라 영화 등 연예 사업에 이용되는 많은 동물들이 이런 식으로 가혹한 훈련을 받습니다.

아기 침팬지는 귀여운 데다, 두세 살까지는 순하고 다루기도 쉽습니다. 사람들은 아기 침팬지를 사서 사람 아이처럼 대합니다. 그러다 침팬지가 나이를 먹으면 점점 다루기 힘들어집니다. 침팬지는 침팬지이기 때문에 침팬지답게 행동하고 싶어 하니까요. 침팬지는 훈련받은 대로만 행동하는 걸 싫어합니다. 침팬지도 물 수 있고 실제로 뭅니다. 게다가 여섯 살쯤 되면 인간 남자 어른만큼 힘이 세어집니다. 그때는 어떻게 될까요? 침팬지 사회의 행동을 배우지 못한 탓에 다른 침팬지와 잘 어울리지 못해서 동물원에서도 받아 주지 않습니다. 결국 의학 연구 실험실

동물원의 환경이 나아지고 있긴 하지만 아직도 전세계에서 수천 마리의 침팬지가 딱딱한 시멘트 바닥에서 지내고 있다.

5. 침팬지의 지능

로 가곤 합니다.

　　침팬지의 몸이 인간과 많이 비슷하기 때문에, 과학자들은 침팬지를 이용해서 인간의 질병을 연구하고 치료법과 예방법을 찾으려 합니다. 침팬지는 인간이 걸리는 병은 대부분 걸릴 수 있습니다. 에이즈 연구에만 수백 마리가 헛되이 희생되었습니다. 침팬지는 피 속에 에이즈 바이러스가 살아 있어도 증상이 나타나지 않기 때문입니다.

　　인간은 인간을 돕는 데 침팬지를 이용하면서 살 곳조차 제

라비엘은 푸앵누아르 동물원의 어둠침침한 우리에 살았다.
라비엘에게 『침팬지 가족 이야기』를 보여 주고 있다.

대로 마련해 주지 않습니다. 침팬지 수백 마리가 가로 1.5미터, 세로 1.5미터, 높이 2.1미터의 삭막한 쇠창살 감옥에 한 마리씩 갇혀 지루하고 불편하게 지냅니다. 그 좁디좁은 곳에서 평생 갇혀 산다고 상상해 보세요(화장실도 그보다 훨씬 큰 것이 많습니다!).

실험실에서 어른 수컷 침팬지와 서로 눈을 들여다본 순간을 나는 결코 잊지 못할 것입니다. 그 침팬지는 좁은 감옥에서 10년 이상 살아왔습니다. 그곳은 사방이 굵은 쇠창살로 둘러싸여 있고, 바닥에 자동차 타이어 하나만 덩그러니 놓여 있었습니다. 문에는 조조라는 이름표가 붙어 있었습니다. 조조는 벽을 따라 놓인 우리 다섯 개 중 맨 끝 우리에 있었습니다. 맞은편에도 또 우리 다섯 개가 줄지어 있었습니다. 실험실 양쪽 끝에는 철로 된 문이 있었고 창문도 하나 없었습니다. 우리의 창살이 손가락이 겨우 들어갈 정도로 촘촘해서 다른 우리의 침팬지와 서로 만질 수도 없었습니다.

조조는 아프리카 숲에서 태어났고, 두세 살까지는 풀과 나무, 나뭇잎과 덩굴, 나비와 새 들의 세계에서 살았습니다. 항상 곁에서 돌봐 주던 어머니가 어느 날 총에 맞았고, 조조는 죽어가는 어머니와 생이별을 할 수밖에 없었습니다. 어린 조조는 배에 실려와 북아메리카의 추운 실험실에서 쓸쓸하게 생활하게 되었습니다. 그런데도 조조는 성을 내지 않고 그저 내가 잠시 걸음을 멈춰 준 것을 고마워할 뿐이었습니다. 조조는 얇은 고무장갑을 낀 내 손끝을 어루만졌습니다. 그러더니 내 눈을 들여다보고 손가락을 내밀어 내 뺨에 흐르는 눈물을 살며시 만졌습니다.

　　　미국에서는 침팬지 수백 마리가 '너무 많다'고 발표한 적이 있습니다. 의학 연구에 쓸 침팬지가 남아돈다는 뜻이지요. 동물보호단체에서는 기금을 모아 보호구역을 만들어 오갈 데 없는 침팬지들이 풀과 나무와 햇빛과 동료와 함께 남은 삶을 보내게 해 주려 합니다. 조조를 비롯한 운 좋은 침팬지 몇몇은 벌써 실험실 감옥에서 풀려났습니다. 하지만 아직 기다리고 있는 침팬지들이 많습니다.

　　　동물원의 환경은 나아지고 있지만, 아직도 많은 침팬지가 콘크리트와 금속으로 된 좁은 우리에서 부드러운 흙도, 마음을 기울일 대상도 없이 갇혀 지냅니다. 좋은 동물원에서는 침팬지들이 무리지어 살도록 수용하고 지루하지 않게끔 재미있는 일을

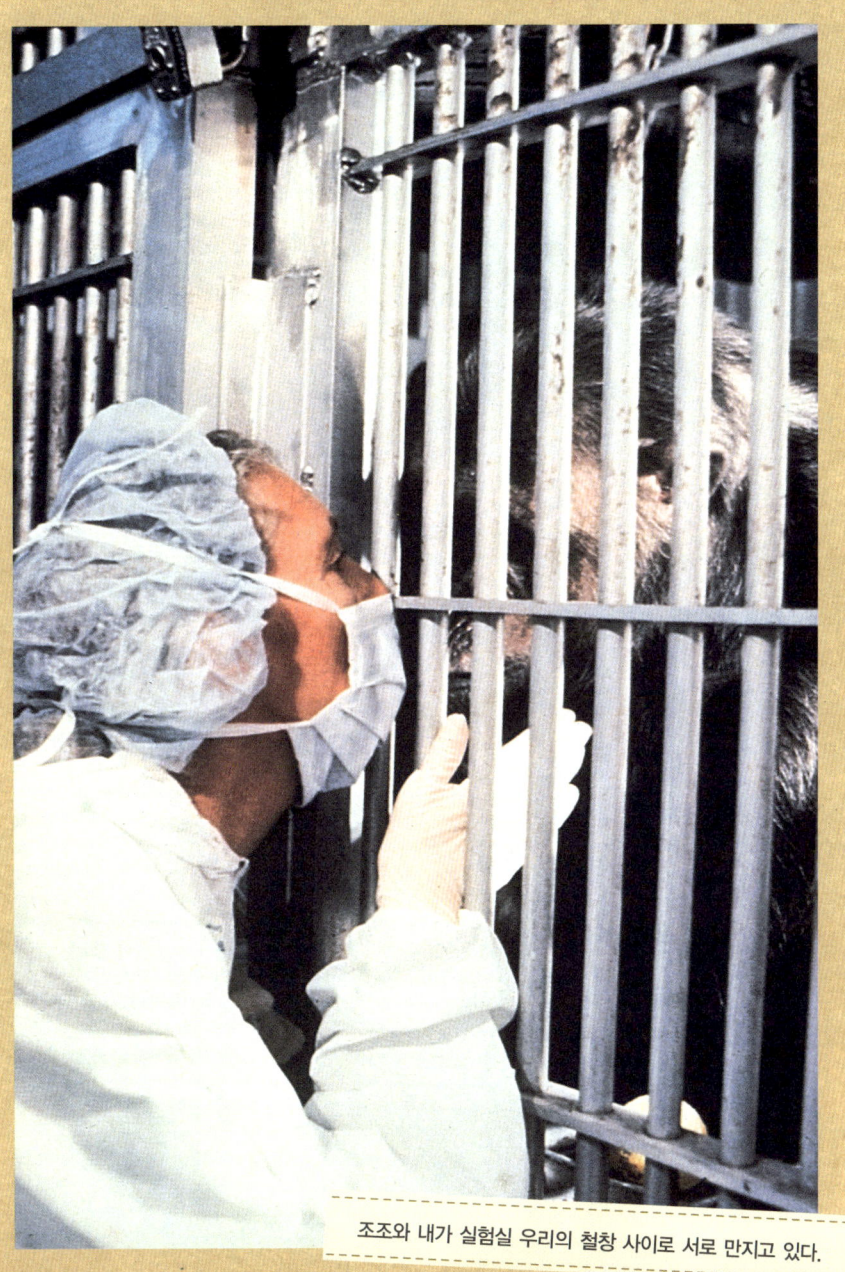

조조와 내가 실험실 우리의 철창 사이로 서로 만지고 있다.

5. 침팬지의 지능 109

라베유는 콩고 동물원에서 몇 년이나 혼자 지냈다. 우리는 라베유를 침퐁가 보호소로 데리고 와서 다른 침팬지들에게 소개해 주었다.

만들어 줍니다. 요즘은 많은 동물원에 인공 흰개미집이 있습니다. 침팬지들은 막대기나 지푸라기로 구멍을 쑤셔서 꿀이나 다른 먹이를 찾아냅니다. 이러한 혁신이 세상을 바꿉니다.

6

피피.

침팬지 보호하기

무분별하게 파괴되고 있는 아프리카의 숲.

침팬지는 서아프리카와 중앙아프리카 숲 지대에 삽니다. 그 가운데 어떤 곳은 비가 많이 오는 울창한 열대우림 지역이지만, 어떤 곳은 강을 따라 밀림이 길게 뻗어 있고 삼림지대 사이사이에 탁 트인 풀밭이 있습니다. 침팬지가 들판을 지날 때는 보통 무리를 지어서 이동하는데, 안전한 숲까지 쉬지 않고 갑니다. 침팬지는 아주 건조한 지역에서도 살 수 있으나 그럴 경우 먹이를 구하러 멀리까지 이동해야 하므로 거주 범위가 매우 넓어집니다.

콩고 정부의 도움으로 돌아온 리틀 제이. 그라지엘라(왼쪽)는 리틀 제이가 건강을 되찾도록 치료해 주겠다고 했다. 아프리카 시장에서 아기 침팬지가 묶여서 팔리는 모습을 직접 본 것은 리틀 제이가 처음이었다.

침팬지, 고릴라, 보노보 같은 아프리카의 대형민꼬리원숭이들은 **빠른 속도로** 줄어들고 있습니다. 100년 전 아프리카에는 약 2백만 마리의 침팬지가 있었지만, 지금은 15만 마리밖에 남지 않았습니다. 침팬지가 살던 25개국 중 4개국에서 이미 멸종되었습니다. 침팬지가 가장 많이 사는 광대한 콩고 분지에서 가장 **빠른 속도로** 침팬지 수가 줄어들고 있습니다. 이유는 다양합니다.

1 아프리카 전 지역에서 침팬지가 사는 숲이 파괴되고 있습니다. 인구가 증가하면서 농사를 짓고 집을 지을 땅과, 숯을 만들고 땔감으로 쓸 나무가 많이 필요하기 때문입니다.

2 수풀돼지나 영양을 잡으려고 놓은 덫에 침팬지가 희생되는 일이 많습니다. 예전에는 덩굴로 만든 덫을 썼지만 지금은 철사로 만든 덫을 씁니다. 보통 침팬지는 철사를 끊을 만큼 힘이 세지만, 덫을 완전히 떼어 버리지는 못합니다.

그래서 목숨을 잃기도 하고 몇 달 동안 괴로워하다가 한 손이나 한 발을 잃기도 합니다.

3 살아 있는 동물을 사고팔며 침팬지를 아프리카에서 밀수하는 상인들이 아직도 있습니다. 연예 사업이나 의학 연구용으로 팔아넘기기 위해 사냥꾼이 어미를 쏘아 죽이고 아기 침팬지를 훔칩니다. 어른 수컷이 아기 침팬지를 구하러 왔다가 총을 맞기도 합니다. 이렇듯 숲에서 많은 침팬지를 죽이고 아기 침팬지 한 마리를 사로잡습니다. 상인들은 사냥꾼에게 고작 몇 달러를 주고 아기 침팬지를 사서 2천 달러도 넘는 값에 팔아 넘깁니다.

4 사냥꾼들이 고기를 팔기 위해 침팬지를 마구 사냥하고 있습니다. 피그미 족 같은 원주민들은 몇 백 년 동안 숲에서 동물들과 평화롭게 살았습니다. 그러나 지금은 목재 회사에서 마지막 남은 숲 한복판까지 길을 냈고, 사냥꾼들이 길 끝까지 트럭을 타고 가며 침팬지, 고릴라, 보노보, 코끼리, 영양,

심지어 아주 작은 새까지 닥치는 대로 사냥합니다. 고기는 훈제하거나 날것인 채로 트럭에 싣고 가 큰 마을에서 팝니다. 곤란하게도 많은 사람이 야생동물의 고기를 좋아해서 가축의 고기보다 비싼 값을 내고 사 먹습니다. 이러한 거래가 사라지지 않으면 야생동물이 남아나지 않을 것입니다.

많은 단체와 사람이 침팬지와 숲을 보호하려고 노력하지만, 문제는 간단하지가 않습니다. 보통 숲을 파괴하는 사람들은 매우 가난합니다. 먹고 살 돈을 마련하기 위해, 나무를 베어 농장을 넓히고 총이나 덫으로 동물을 사냥하는 것입니다. 열대 지역은 흙을 보호해 주는 나무가 없으면 금방 사막같이 되어 살기가 힘들어집니다. 살기 힘들어질수록 나무를 더 뱁니다. 게다가 야생동물 고기 거래는 좋은 돈벌이 사업이라 정부 고위 관리들까지 거래에 나서는 형편입니다. 그래도 우리는 해결책을 찾을 때까지 포기해서는 안 됩니다.

행동하는 과학자

요즈음 과학자는 야생 상태의 동물을 연구하는 것만으로 할 일을 다했다고 할 수 없습니다. 동물과 환경을 보호하기 위한 노력도 해야 합니다. 제인구달연구소는 1977년 미국에서 설립되었습니다. 처음에는 곰베에서 연구를 계속할 기금만 모았지만, 할 일이 많다는 것을 차츰 깨달았습니다. 1960년 내가 처음 곰베에 갔을 때는 탕가니카 호숫가에 몇 킬로미터씩 숲이 뻗어 있었습니다. 그러나 지금은 달라졌습니다. 48제곱킬로미터의 곰베 국

곰베의 산들은 예전에는 그토록 푸르렀지만(왼쪽), 지금은 벌거숭이가 되었다(오른쪽).

립공원은 아직 괜찮아 보이지만, 공원 밖에서는 나무를 찾아보기 힘듭니다. 부룬디와 콩고 동부에서 난민 수백 명이 들어와 인구가 계속 늘면서 나무를 마구 베어 냈기 때문입니다. 폭풍우가 지날 때마다 토양이 호수로 씻겨 내려가 푸르디푸르던 산비탈도 사막이 되어 가고 있습니다.

우리는 곧 중요한 문제와 맞닥뜨렸습니다. 국립공원 밖의 사람들과 그들이 살고 있는 환경이 어려움에 놓여 있는 마당에, 과연 곰베 숲에 남아 있는 침팬지 100여 마리는 안전할 수 있을까요?

이 문제 때문에 곰베 국립공원 주위에 사는 사람들의 생활을 개선하는 사업을 시작했습니다. 이 지역 33개 마을에 묘목 밭을 만들어 헐벗은 산비탈에 나무를 심고 맑은 물이 나오는 우물을 만들었습니다. 여자에게 교육 받을 기회를 주며, 어린이에게 자연보호를 가르칩니다. 이곳의 생활은 나아지고 있으며, 사람들은 곰베의 숲이 중요하다는 사실을 이해합니다. 이러한 사업들을 보호구역 주위에서 늘려 나가고 있습니다.

우리는 고기를 노리는 사냥꾼 때문에 어미를 잃은 아기 침

"모든 개체는 중요합니다. 모두가 할 일이 있습니다.
누구나 변화시킬 힘이 있습니다. 우리는 선택해야 합니다.
당신은 어떤 세상을 만들고 싶습니까?"

어미를 잃은 고아 침팬지들은 많은 사랑과 관심이 필요하다.

팬지도 돌봐 주고 있습니다. 아기 침팬지는 고기가 적기 때문에 보통 애완용으로 팔리거나 호텔이나 술집에 팔려 가 손님을 끄는 일을 합니다. 이런 일은 대부분의 나라에서 불법이므로 정부 관리를 설득해서 아기 침팬지를 압수할 수 있습니다. 이러한 침팬지들을 보호소에 데려와 건강을 되찾도록 치료해 주고, 사랑해 주고, 돌봐 줍니다. 이 침팬지들은 숲으로 돌아갈 수 없습니다. 야생 침팬지의 공격을 받을 수도 있고, 사람을 무서워하지 않게 되었기 때문에 마을에 들어갔다가 다치거나 사람을 공격할 수도 있으니까요. 따라서 이 침팬지들은 계속 돌봐 주어야 합니다.

제인구달연구소의 보호소는 콩고인민공화국, 우간다, 케냐에 있으며, 남아프리카공화국에도 건설 되었습니다. 여러분도 침팬지 후견인이 되어 고아 침팬지를 돌보는 데 힘을 보태 줄 수 있습니다. 제인구달연구소에 연락하면 후견인이 되는 방법을 알려 줍니다.

오늘날 전 세계가 맞닥뜨린 문제들은 너무나 절망적입니다. 내가 살아온 동안 인간이 지구를 망쳐 놓은 일들을 생각하면 몹시 슬프고, 인간이라는 사실이 부끄럽습니다. 그러나 나는 희망을 잃지 않고 '뿌리와 새싹'이라는 교육 사업을 시작했습니다. 뿌리는 튼튼한 기초이고 새싹은 작지만 빛을 향해 뻗어 나가다가 벽돌담을 부술 수 있습니다. 그래서 '뿌리와 새싹'이라는 이름을 붙였습니다.

인간이 지구에게, 환경과 동물과 서로에게 저지른 나쁜 일들을 벽돌담이라고 상상해 보세요. 그러나 전 세계에서 수백 수천의 뿌리와 새싹이, 여러분 같은 청소년들이 그 벽돌담을 부수고 모든 생물이 다 함께 살기 좋은 세상을 만들 수 있습니다.

'뿌리와 새싹'은 제인구달연구소의 교육 사업입니다. 웹사이트를 찾아보거나 전화나 편지를 하여 여러분도 참여하기를 바랍니다. 이 사업은 탄자니아에서 시작했지만 지금은 90여 개 나

뿌리와 새싹 모임에서 연극을 하며 즐기고 있는 아이들.

주주는 콩고의 동물원에 혼자 갇혀 있다. 누군가와의 접촉이 그리워 나를 만지고 있다.

라들에 모임이 있습니다. 이 모임은 '1) 개, 고양이, 소 등 동물들, 2) 인간 공동체, 3) 우리 모두가 공유하는 환경'이라는 세 가지 영역의 활동을 합니다. 영역마다 하나 이상의 활동을 선택하여 힘을 쏟지요. 나라에 따라, 도시와 농촌에 따라 활동은 다릅니다. 유치원에 다니는 어린이에서 대학생까지 많은 사람이 나이와 상관없이 '뿌리와 새싹'에서 활동합니다. '뿌리와 새싹'의 모임들은 아주 빠르게 커 나가고 있습니다.

  나는 바로 여러분이 여러분 자신의 삶을 하루하루 변화시킬 수 있다는 점을 꼭 말해 두고 싶습니다. 어떻게 변화시킬지는 여러분이 선택할 수 있습니다. 사람들은 나에게 이렇게 암울한 상황에서 어떻게 큰 희망을 품느냐고 묻습니다. 거기에는 다 이유가 있습니다. 첫째, 인간은 매우 영리합니다. 최근에는 과학자들과 기업, 일반 대중이 모여 환경 파괴를 줄일 방법을 찾고 있기 때문입니다. 둘째로, 자연은 놀랄 만큼 관대합니다. 한때 아름다웠던 곳을 인간이 망쳐 놓았더라도, 기회를 주고 조금만 도와주면 자연은 다시 살아납니다. 거의 멸종되었던 동물도 열심히 보호하면 다시 늘어납니다. 셋째로, 내가 만난 멋진 사람들, 불가능한 일과 씨

름하고 성공하는 사람들 때문에 나는 희망을 품습니다.

마지막으로, 세계 젊은이들이 활기차고 끈기 있게 헌신적으로 노력하는 모습에 희망을 품습니다. '뿌리와 새싹' 모임들이 더 좋은 세상을 만들기 위해 일하는 이야기를 들으면 가슴이 벅찹니다. 전세계에서 더 많은 사람들이 이 문제를 자신의 문제로 받아들이고, 우리가 세상에 태어난 건 다 이유가 있으며, 누구나 변화를 일구어 낼 힘이 있다는 사실을 깨닫고 있습니다. 아프리카에서 침팬지가 멸종되는 일을 막고, 잡힌 침팬지를 가혹하게 다루는 일도 보고만 있지 않을 것입니다. 침팬지는 생각보다 훨씬 우리와 비슷합니다. 침팬지를 보면 인간과 동물을 구분하는 뚜렷한 경계가 없다는 사실을 깨닫게 됩니다. 그래서 동물을 존중하고 동물과 더 많은 공감을 하게 됩니다.

곰베의 침팬지들과 보낸 시간 덕분에 내 삶이 얼마나 달라지고 풍요로워질 것인지를 어릴 때는 상상도 못 했습니다. 여러분도 침팬지를 앎으로써 삶이 더욱 풍요로워지기를 바랍니다. 또한 내가 그랬듯이 여러분도 모든 생물들이 살기 좋은 세상을 만들기 위해 최선을 다해야겠다고 마음먹길 바랍니다.

침팬지에 관한 사실과 자료

침팬지의 분류

침팬지의 학명은 판 트로글로디테스(Pan troglodytes)이고 영장류입니다. 영장류에는 갈라고, 여우원숭이, 마모셋원숭이, 원숭이, 민꼬리원숭이, 사람이 있습니다. 민꼬리원숭이는 꼬리가 없고 사람과 비슷합니다. 소형민꼬리원숭이에는 긴팔원숭이와 샤망원숭이가 있고, 대형민꼬리원숭이에는 아시아의 오랑우탄, 아프리카의 침팬지, 보노보(예전에는 피그미침팬지라 했다), 고릴라가 있습니다. 인간도 대형민꼬리원숭이입니다. 오늘날의 원숭이는 민꼬리원숭이보다 몸집이 작지만, 선사시대에는 거대한 원숭이도 있었습니다.

과학자들은 영장류가 약 6천5백만 년 전 곤충을 먹던 작은 포유동물의 자손이라고 합니다. 그 포유동물 중 어떤 종은 몸집이 커지고 영리해졌습니다. 2천만 년 전에서 1천5백만 년 전 사이에 인간과 민꼬리원숭이와 인간의 공동 조상이 살았습니다.

침팬지는 오늘날 살아 있는 어떤 동물보다도 인간과 비슷합니다. 침팬지와 인간의 DNA 구조 차이는 겨우 1퍼센트 조금 넘는 정도입니다. 인간은 침팬지의 혈액을 수혈 받을 수 있으며, 침팬지는 인간의 모든 전염병에 걸리거나 전염병이 옮을 수 있습니다. 그래서 과학자들이 침팬지를 의학 연구에 이용하는 것입니다. 사실 침팬지는 생물학적으로 고릴라보다 더 인간에 가깝습니다.

피건은 내가 간질이는 것을 허락했다. 침팬지들의 웃음소리는 우리 인간과 무척 닮았다.

 영장류에 대하여

	대형민꼬리원숭이				소형민꼬리원숭이	구세계원숭이	신세계원숭이	원원류
인간	침팬지	보노보	고릴라	오랑우탄	사뿐원숭이와 긴팔원숭이	짧은꼬리원숭이	거미원숭이	여우원숭이와 갈라고

단위: 백만 년 전

현재
5
10
20
30
40
50
60
70

이 도표는 영장류 무리가 별개의 종으로 갈라져 나온 시기를 보여 줍니다. 6천5백만 년 전 여우원숭이와 갈라고가 속하는 원원류가 처음으로 공동의 조상으로부터 갈라져 나왔습니다. 신세계원숭이로는 거미원숭이가 있고, 구세계원숭이로는 짧은꼬리원숭이가 있습니다. 약 1천5백만 년 전 대형민꼬리원숭이와 소형민꼬리원숭이가 분리되었습니다. 인간과 침팬지가 나타난 것은 겨우 약 7백만 년 전입니다.

🌱 침팬지에 대한 사실들

• 곰베의 다 자란 수컷 침팬지는 키가 1.2m 정도이고, 몸무게는 43kg까지 나갑니다. 암컷은 수컷과 키는 비슷하지만 몸무게가 가벼워서 32kg을 넘는 일이 별로 없습니다.

• 서아프리카와 중앙아프리카의 침팬지는 곰베의 침팬지보다 조금 더 크고 무겁습니다. 잡혀 있는 침팬지들은 잘 먹고 의료 혜택을 받으면 보통 야생 침팬지보다 몸무게가 더 나갑니다. 운동을 훨씬 덜 하기 때문입니다.

• 야생 침팬지는 50년 이상 사는 일이 드물지만, 잡혀 있는 침팬지는 60년 이상 살기도 합니다.

• 야생의 암컷 침팬지는 새끼를 평균 두 마리나 세 마리 기릅니다. 그러나 여덟이나 아홉 마리까지 기르기도 합니다.

침팬지의 서식지

침팬지는 아프리카 서쪽 해안부터 동쪽으로 우간다, 르완다, 부룬디, 탄자니아 서부까지 21개국에 살고 있습니다. 침팬지들은 적도를 중심으로 한 우림 지역에 가장 많이 모여 삽니다. 침팬지가 멸종 위기에 빠진 것은 다른 원인도 있지만 숲이 빠른 속도로 파괴되고 있기 때문입니다.

곰베 강 연구센터는 탄자니아의 탕가니카 호수 동쪽 기슭에 있습니다.

세상에 대한 호기심이 많은 플러트가 어린 나무를 오르다가 잠시 멈춰 있다.

침팬지 분포 지역

제인구달연구소

야생동물을 연구, 교육, 보존하기 위해 1977년에 설립된 비영리 기관인 제인구달연구소는 침팬지 현장 연구에 대한 지원과 침팬지 보호 사업에서 시작하여 차츰 교육, 지역 사회 발전, 자연 보호, 인도주의를 위한 노력을 기울이는 등 모든 생물이 살기 좋은 세상을 만드는 사업까지 영역을 넓혀 가고 있습니다. 연구소에서는 서부 탄자니아의 숲을 되살리고 보존하기 위한 교육 프로젝트인 '타카르(TACARE)'를 비롯해 동물원 등에 잡혀 있는 침팬지의 생활환경을 연구하고 개선하기 위한 국제적 사업인 침팬주(ChimpanZoo) 등 여러 사업을 운영하고 있습니다.

세계를 돌아다니면서 환경의 미래와 동물에 대해 관심을 갖고 있는 많은 어린이들을 만날 수 있었다.

뿌리와 새싹

'뿌리와 새싹'은 1991년 제인 구달이 젊은이를 위해 설립한 환경과 인도주의 교육 사업입니다. 학교에서, 지역 사회 동아리에서, 그 밖의 젊은이 모임에서 '뿌리와 새싹' 회원들은 모든 동물, 환경, 인간 공동체에 대한 배려와 관심을 촉구하는 계획에 참여하고, 자기들의 실천이 세상에 어떤 변화를 일으키는지 경험합니다. '뿌리와 새싹' 모임은 미국 50개 주 모두와 세계 90여 개 나라에서, 유치원부터 대학까지 젊은이들이 전세계 조직망을 갖추고 적극적으로 활동하고 있습니다. 구달 박사는 '뿌리와 새싹'을 통해 전세계 젊은이들과 중요한 작업을 함께하고 있습니다.

다음 주소로 연락하면 더 많은 정보를 얻을 수 있습니다.

Roots & Shoots, The Jane Goodall Institute
1959 Spring Hill Rd, Suite 550, Vienna, VA 22182
Tel. (703) 682-9220
Fax (703) 682-9312

제인구달연구소 웹사이트
www.janegoodall.org

제인 구달이 쓴 다른 책들

어린이를 위한 책

『침팬지와 함께한 나의 삶』, 1988

『침팬지 가족 이야기』, 1989

『사랑으로』, 1994

『화이트 박사』, 1999

『독수리와 굴뚝새』, 2000

『리키와 헨리』, 2004

그보다 나이 든 독자와 어른을 위한 책

『인간의 그늘에서』, 1971

『창문 너머』, 1990

『캘리번의 환상: 침팬지와 인간에 대하여』, 1993

『제인 구달: 곰베에서의 40년』, 1999

『희망의 이유: 정신의 여정』, 1999

『내 피 속의 아프리카: 편지로 쓴 자서전(제1권)』, 2000

『무지를 넘어: 편지로 쓴 자서전(제2권)』, 2001

『십계명: 우리가 사랑하는 동물들을 보호하기 위해 해야만 하는 것들』, 2003

『희망의 밥상』, 2006

『동물과 그들의 세상을 위한 희망』, 2009

비디오와 오디오 자료

《야생 침팬지 속에서》(비디오), 1984

《우리와 닮은 침팬지》(비디오), 1990

《침팬지와 함께한 나의 삶》(비디오와 오디오), 1990

《희망의 이유》, 1999

모든 책과 오디오, 비디오는 제인구달연구소에서 구할 수 있습니다.
www.janegoodall.org

나와 눈을 마주치고 있는 갤러해드.

사진 출처

앞표지(왼쪽 맨 위): ⓒ Michael Neugebauer, E-Mail: mine@netway.at. 뒤표지: Ken Regan/Camera 5. 1쪽: ⓒ Michael Neugebauer, E-Mail: mine@netway.at. 2쪽: Hugo van Lawick/NGS Image Collection. 5~7쪽: ⓒ Michael Neugebauer, E-Mail: mine@netway.at. 8~9쪽: ⓒ Eric Joseph, courtesy the Goodall family. 11쪽: ⓒ Joan Travis. 13쪽: Hugo van Lawick/NGS Image Collection. 17쪽: ⓒ Craig Lovell/CORBIS. 18쪽: ⓒ Brian Vikander/CORBIS. 19쪽: Hugo van Lawick. 21쪽: Vanne Goodall/NGS Image Collection. 22쪽: ⓒ Stephen Patch, courtesy The Jane Goodall Institute. 24~25쪽: Michael Nichols/NGS Image Collection. 27쪽: Jane Goodall. 28쪽: Hugo van Lawick/NGS Image Collection. 29쪽: Michael Nichols/NGS Image Collection. 31쪽: Jane Goodall/NGS Image Collection. 32~33쪽: Courtesy The Jane Goodall Institute. 34쪽: Kristin Mosher/Danita Delimont, Agent. 35쪽: Hugo van Lawick/NGS Image Collection. 36~37쪽: ⓒ Gerry Ellis/GerryEllis.com. 39~42쪽: Hugo van Lawick. 43쪽: Hugo van Lawick/NGS Image Collection. 44~45쪽: Hugo van Lawick. 47쪽: ⓒ Stephen Patch, courtesy The Jane Goodall Institute. 49쪽: Hugo van Lawick. 50~51쪽: Hugo van Lawick/NGS Image Collection. 52쪽: Jane Goodall. 53쪽: Hugo van Lawick. 54쪽: Hugo van Lawick/NGS Image Collection. 56~57쪽: ⓒ Michael Neugebauer, E-Mail: mine@netway.at. 58쪽: ⓒ Gerry Ellis/GerryEllis.com. 59쪽: Hugo van Lawick/NGS Image Collection. 61쪽: ⓒ Michael Neugebauer, E-Mail: mine@netway.at. 62~63쪽: Jane Goodall. 64쪽: Michael Nichols/NGS Image Collection. 65쪽: Hugo van Lawick. 66~67쪽: Michael Nichols/NGS Image Collection. 69쪽: Hugo van Lawick. 70쪽: Hugo van Lawick/NGS Image Collection. 72쪽: Jane Goodall. 74~75쪽: ⓒ Michael Neugebauer, E-Mail: mine@netway.at. 76~77쪽: Kristin Mosher/Danita Delimont, Agent. 78쪽: ⓒ Gerry Ellis/GerryEllis.com. 81~89쪽: Kristin Mosher/Danita Delimont, Agent. 90~93쪽: Michael Nichols/NGS Image Collection. 94쪽: ⓒ Eric Joseph, courtesy the Goodall family. 95쪽: Hugo van Lawick/NGS Image Collection. 97쪽: Tetsuro Matsuzawa. 99쪽: Nobuyuki Kawai and Tetsuro Matsuzawa. 100쪽: Tetsuro Matsuzawa. 103쪽: Michael Nichols/NGS Image Collection. 105쪽: Courtesy The Jane Goodall Institute. 106쪽: Michael Nichols/NGS Image Collection. 109쪽: Courtesy The Jane Goodall Institute. 110쪽: Michael Nichols/NGS Image Collection. 112~113쪽: Jane Goodall. 114쪽: Courtesy The Jane Goodall Institute. 115쪽: ⓒ Michael Nichols. 119쪽, 양쪽: Jane Goodall. 121~123쪽: Michael Nichols/NGS Image Collection. 125쪽: David Grubbs/Billing Gazette, Montana. 126~127쪽: Michael Nichols/NGS Image Collection. 133쪽: Hugo van Lawick/NGS Image Collection. 134쪽: Diagram by Debbie Silva. 136쪽: Kristin Mosher/Danita Delimont, Agent. 137쪽: Map by Debbie Silva. 138쪽: Michael Nichols/NGS Image Collection. 141쪽: ⓒ Michael Neugebauer, E-Mail: mine@netway.at.

제인 구달 Jane Goodall

1934년 영국의 런던에서 태어난 제인 구달은 어렸을 때부터 아프리카 정글을 여행하면서 근사한 동물들을 연구하는 것이 꿈이었다. 그러던 중 1957년 우연한 기회에 아프리카 케냐로 갔다가 저명한 인류학자 루이스 리키 박사를 만나 침팬지 연구를 시작했다. 그리고 1960년 여름, 루이스 리키 박사의 도움으로 탄자니아의 곰베에서 야생 침팬지를 연구하기 시작했다. 침팬지에 대한 놀라운 발견으로 1965년 케임브리지 대학에서 동물행동학 박사학위를 받은 뒤, 탄자니아로 돌아와 곰베 강 연구센터를 설립했다. 그리고 1977년, 야생 침팬지 연구를 계속 지원하기 위해 제인구달연구소(The Jane Goodall Institute)를 세워 침팬지는 물론 다른 야생 동물들이 처한 실태를 알리고 서식지 보호와 처우 개선을 장려하는 일을 하고 있다.

1995년에 엘리자베스 여왕으로부터 대영 제국의 작위를 받았으며, 내셔널 지오그래픽 소사이어티의 허버드 상을 비롯해 권위 있는 기초 과학상인 '교토 상', 알버트 슈바이처 상, 에든버러 메달 등 많은 상을 받았다. 또한 탄자니아 정부는 외국인에게는 최초로 구달 박사에게 '킬리만자로 상'을 수여했다.

누구보다도 먼저 탄자니아 곰베 국립공원의 침팬지들을 연구한 구달 박사는 야생 동물의 서식지를 보존하고 환경을 보호하기 위해 큰 업적을 남겨 전 세계에 이름을 떨쳤다. 2002년에는 UN의 '평화의 메신저'로 임명되어 전 세계를 돌아다니며 세계 평화와 지구의 모든 종(種)의 평화를 위해 활동했다.

그동안 지은 책으로 『제인 구달의 내가 사랑한 침팬지』, 『인간의 그늘에서』, 『희망의 이유』, 『제인 구달의 사랑으로』, 『리키와 헨리』, 『제인 구달: 곰베에서의 40년』, 『희망의 밥상』 등이 있다.

제인구달연구소에서는 어린이와 청소년을 위해 풀뿌리 환경운동을 펼치고 인도주의 교육 사업을 벌이는 '뿌리와 새싹'에 많은 어린이들이 참여하기를 바라고 있다. 제인 구달 박사는 이렇게 말한다. "메시지는 희망의 하나입니다. 전 세계 수백 수천의 뿌리와 새싹들이, 여러분 같은 젊은이들이 떨쳐 일어나 모든 살아 있는 것들을 위해 노력한다면 세상은 더욱 살기 좋은 곳이 될 수 있습니다." 제인 구달 박사가 이 책에서 얻는 수익금은 모두 '뿌리와 새싹'을 지원하는 데 쓰인다.

옮긴이 **햇살과나무꾼**

햇살과나무꾼은 동화를 사랑하는 사람들이 모여 만든 곳으로, 세계 곳곳에 묻혀 있는 좋은 작품들을 찾아 우리말로 소개하며 어린이의 정신에 좋은 양식을 주고 지식의 씨앗을 뿌리는 책을 집필하는 어린이 책 전문 기획실입니다. 지금까지『작은 인디언의 숲』,『워터십 다운의 열한 마리 토끼』,『나는 선생님이 좋아요』 등을 우리말로 옮겼으며,『석기 시대로 떨어진 아이들』,『세상을 바꾼 말 한 마디』,『위대한 발명품이 나를 울려요』 등을 썼습니다.

제인 구달의
내가 사랑한 침팬지
어린이를 위한 제인 구달 자서전

지은이 제인 구달
옮긴이 햇살과나무꾼

1판 1쇄 발행 2003년 5월 6일
개정판 1쇄 발행 2013년 2월 27일
개정판 11쇄 발행 2022년 10월 14일

펴낸이 조추자 | 펴낸곳 두레아이들
등록 2002년 4월 26일 제10-2365호
주소 (04075) 서울시 마포구 독막로 100 세방글로벌시티 603호
전화 02)702-2119, 703-8781 | 팩스 02)715-9420
이메일 dourei@chol.com | 블로그 http://blog.naver.com/dourei

* 가격은 뒤표지에 적혀 있습니다. 잘못 만들어진 책은 구입하신 곳에서 바꾸어 드립니다.
* 두레아이들은 도서출판 두레의 어린이책 출판사입니다.
* 두레아이들은 '자연을 사랑하는 마음'을 길러주고, '더불어 사는 아름다운 지혜'를 심어주는 책을 만듭니다.
* 이 도서의 국립중앙도서관 출판시도서목록(CIP)은 e-CIP홈페이지(http://www.nl.go.kr/ecip)와 국가자료공동목록시스템(http://www.nl.go.kr/kolisnet)에서 이용하실 수 있습니다.(CIP제어번호: CIP2013000565)

ISBN 978-89-91550-30-8 73840

•• 두레와 두레아이들이 만든 좋은 책들

☀ 두레아이들 그림책 시리즈

‹ 두레아이들 그림책 ❶
나무를 심은 사람
장 지오노 글 | 프레데릭 백 그림 | 햇살과나무꾼 옮김
초등학교 5학년 교과서 수록작품
한우리독서운동본부 권장도서, 어린이도서연구회 권장도서,
사단법인 환경과생명 선정 우수환경도서, 열린어린이 권장도서,
한국간행물윤리위원회 청소년 권장도서

‹ 두레아이들 그림책 ❷
위대한 강
프레데릭 백 글·그림 | 햇살과나무꾼 옮김
한국간행물윤리위원회 청소년 권장도서

‹ 두레아이들 그림책 ❸
사람은 무엇으로 사는가
레프 N. 톨스토이 글 | 최숙희 그림 | 김은정 옮김
주니버(네이버) 오늘의 책,
한국간행물윤리위원회 '이달의 읽을 만한 책'

‹ 두레아이들 그림책 ❹
사랑이 있는 곳에 신이 있다
레프 N. 톨스토이 글 | 최수연 그림 | 김은정 옮김

‹ 두레아이들 그림책 ❺
별 (근간)
알퐁스 도데 글 | 윤종태 그림 | 김영신 옮김

‹ 두레아이들 그림책 ❻
큰 바위 얼굴 (근간)
너새니얼 호손 글 | 김근희 그림 | 이현주 옮김

★ 고학년을 위한 책

두레아이들 교양서 ①
**과학자와 어린이가 함께 파헤치는
지구 온난화**
린 체리·게리 브라시 지음 | 이충호 옮김
열린어린이 권장도서, 어린이문화진흥회 '좋은 어린이 책'

두레아이들 교양서 ⑤
물고기가 사라진 세상
마크 쿨란스키 지음 | 프랭크 스톡턴 그림 | 이충호 옮김
오픈키드 '이달의 책', 열린어린이 권장도서

두레아이들 고전읽기 1
혜초의 대여행기 왕오천축국전
강윤봉 지음 | 정수일 감수
한국문명교류연구소 어린이 교양총서 01
오픈키드 '이달의 책'

아메리카를 누가 처음 발견했을까?
러셀 프리드먼 지음 | 강미경 옮김
행복한 아침독서 추천도서, 열린어린이 권장도서,
어린이문화진흥회 '좋은 어린이 책'

숲이 어디로 갔지?
베른트 M. 베이어 지음 | 유혜자 옮김
〈중앙일보〉 우수추천도서

제인 구달의 내가 사랑한 침팬지
제인 구달 지음 | 햇살과나무꾼 옮김
열린어린이 권장도서

레이첼 카슨
진저 위즈워스 지음 | 황의방 옮김

헨리 데이비드 소로
엘리자베스 링 지음 | 강미경 옮김
행복한 아침독서 추천도서

시티 오브 엠버
잔 뒤프라우 지음 | 김윤한 그림 | 신여명 옮김
「소년조선일보」 추천도서, 미국도서관협회(ALA) 주목할 만한 어린이 책
뉴욕 공공도서관 추천도서 100선

팝업북
나무를 심은 사람
장 지오노 지음 | 조엘 졸리베 그림 | 신대범 옮김
환경부 선정 우수환경도서

괴짜 과학자 클럽
괴짜 과학자 클럽의 새로운 모험
버트런드 R. 브린리 지음 | 강미경 옮김
어린이문화진흥회 '좋은 어린이 책'

악동일기
빅토리아 빅터 지음 | 전영애 옮김

행복한 바보들이 사는 마을, 켈름
아이작 B. 싱어 지음 | 황명걸 옮김
네이버 '오늘의 책', 대한출판문화협회 추천도서,
한국간행물윤리위원회 추천도서

작은 인디언의 숲
어니스트 톰슨 시튼 글·그림 | 햇살과나무꾼 옮김

🐱 중학년을 위한 책

두레아이들 생태읽기 ①
중국을 구한 참새 소녀
사라 페니패커 글 | 요코 타나카 그림 | 신여명 옮김
환경부 선정 우수환경도서

두레아이들 생태읽기 ④
아기 수달의 머나먼 여행
크리스티앙 부샤르디 글 | 브누아 샤를 그림 | 김주열 옮김
아이북랜드 추천도서

두레아이들 생태읽기 ⑤
동물들은 왜 화가 났을까?
생명은 거미줄이에요
크리스티앙 부샤르디 글 | 피에르 에자르 그림 | 김주열 옮김
평화박물관건립추진위원회 선정 '어린이 평화책'

두레아이들 교양서 ②
재미있는 돈의 역사
벳시 마에스트로 글 | 줄리오 마에스트로 그림 | 이문희 옮김
오픈키드 '이달의 책'

두레아이들 교양서 ③
신기한 곤충들의 나라
클로드 뉘리자니, 마리 페레누 글·그림 |
햇살과나무꾼 옮김 | 김정환 감수
《조선일보》 여름방학 추천도서

두레아이들 교양서 ④
인디언의 선물
마라루이스 피츠패트릭 글·그림 |
게리 화이트디어 감수 | 황의방 옮김
열린어린이 권장도서, 아이북랜드 추천도서,
스미스소니언협회 '주목할 만한 아동도서'
중학교 국어 교과서(1-1) 수록 작품

마르코 폴로의 모험
러셀 프리드먼 글 | 배그램 이바튤린 그림 | 강미경 옮김
한국간행물윤리위원회 청소년 권장도서, 열린어린이 권장도서
어린이문화진흥회 '좋은 어린이 책'

아빠의 만세발가락
리타 페르스휘르 지음 | 유혜자 옮김
월간 「북새통」 선정 우수도서,
네덜란드 최고 문학상 '황금부엉이 상' 수상

바보들의 나라, 켈름
아이작 B. 싱어 지음 | 유리 슐레비츠 그림 | 강미경 옮김
어린이문화진흥회 '좋은 어린이 책'

노래하는 나무
: 자연에 관한 세 가지 이야기
베르나르 클라벨 글 | 크리스티안 하인리히 그림 |
전채린 옮김

오소리야 힘내!
제라르 니꼴라 지음 | 이윤옥 옮김

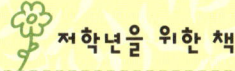 저학년을 위한 책

두레아이들 생태읽기 ②
내 이름은 제인 구달
지네트 윈터 글·그림 | 장우봉 옮김
한국어린이출판협의회 추천도서,
미국청소년도서관협회 추천도서, 열린어린이 권장도서

두레아이들 생태읽기 ③
우리를 먹지 마세요!
루비 로스 글·그림 | 천샘 옮김
오픈키드 '이달의 책'

두레아이들 생태읽기 ⑥
바다로 돌아간 돌고래
버지니아 매케너 글 | 이언 앤드루 그림 | 햇살과나무꾼 옮김
아이북랜드 추천도서

줄어드는 아이
플로렌스 하이드 지음 | 에드워드 고리 그림 | 강은교 옮김
미국도서관협회(ALA) '주목할 만한 책'

남을 배려하는 마음을 일깨워 주는
황금률
아일린 쿠퍼 지음 | 가비 스비아트코브스카 그림 |
정선심 옮김
어린이문화진흥회 '좋은 어린이 책'

마더 테레사가 들려준 이야기
에드워드 르 졸리, 자야 찰리하 글 | 앨런 드러먼드 그림 |
황의방 옮김

새를 그린 사람, 존 오듀본
제니퍼 암스트롱 지음 | 조스 A. 스미스 그림 |
황의방 옮김 | 윤무부(조류학자) 감수 및 추천
어린이문화진흥회 '좋은 어린이 책'

하늘 나무
그림으로 보는 자연의 경이로움
토머스 로커, 캔더스 크리스티안센 글·그림 | 신여명 옮김
열린어린이 권장도서, 오픈키드 '이달의 책'

괜찮아, 괜찮아 ①
나는 두 집에 살아요
마리안 드 스멧 글 | 닝커 탈스마 그림 | 정신재 옮김

괜찮아, 괜찮아 ②
할머니는 어디로 갔을까
아르노 알메라 글 | 로뱅 그림 | 이충호 옮김

괜찮아, 괜찮아 ③
누구나 공주님
브리짓 민느 글 | 메이럴 아이케르만 그림 | 정신재 옮김

괜찮아, 괜찮아 ④
안 돼, 내 사과야!
그웬돌린 레송 글 | 일하임 압델-젤릴 그림 | 이충호 옮김

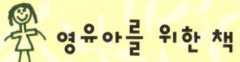 영유아를 위한 책

뒤죽박죽
릴리 라롱즈 글·그림 | 유지연 옮김
오픈키드 '이달의 책'

다른 엄마 데려올래요!
브리기테 랍 지음 | 마뉴엘라 올텐 그림 | 유혜자 옮김
서울시립어린이도서관 권장도서, 전주시립도서관 추천도서

정원이 살아났어요
캐롤라인 레프척 글 | 이언 앤드루 그림 | 신여명 옮김
어린이문화진흥회 '좋은 어린이 책'